王阳明传

王金锋 编著

国文出版社
·北京·

图书在版编目（CIP）数据

王阳明传 / 王金锋编著. -- 北京：国文出版社，2025. -- ISBN 978-7-5125-1839-1

Ⅰ. B248.2

中国国家版本馆CIP数据核字第20249MU767号

王阳明传

编　　著	王金锋
责任编辑	罗敬夫
统筹监制	杨　智
责任校对	周　琼
出版发行	国文出版社
经　　销	国文润华文化传媒（北京）有限责任公司
印　　刷	文畅阁印刷有限公司
开　　本	880毫米×1230毫米　　32开
	6.5印张　　130千字
版　　次	2025年3月第1版
	2025年3月第1次印刷
书　　号	ISBN 978-7-5125-1839-1
定　　价	59.80元

国文出版社
北京市朝阳区东土城路乙9号　　邮编：100013
总编室：（010）64270995　　传真：（010）64270995
销售热线：（010）64271187
传真：（010）64271187-800
E-mail：icpc@95777.sina.net

王阳明(1472—1529年),又名王守仁,字伯安;尝筑室故乡阳明洞中,别号阳明。明代哲学家、教育家。绍兴府余姚(今浙江余姚)人。明孝宗弘治(1488—1505年)进士。早年因反对宦官刘瑾,被贬为贵州龙场(修文县县治)驿丞。后以平定赣南民变、"宸濠之乱"封新建伯,官至南京兵部尚书。卒谥文成。

初习程朱理学、佛学,后转陆九渊心学,并发展了陆九渊的学说,用以对抗程朱学派。断言"夫万事万物之理,不外于吾心"(《传习录[中]·答顾东桥书》),否认心外有理、有事、有物。他的"知行合一"和"知行并进"说,旨在反对宋儒如程颐等"知先行后"以及各种割裂知行关系的说法。

在儿童教育方面,反对"鞭挞绳缚,若待拘囚",主张"必使其趋向鼓舞,中心喜悦",以达到"自然日长月化"。(《传习录[中]·训蒙大意示教读刘伯颂等》)

其学说以"反传统"的姿态出现,在明代中期以后影响很大,还流行到日本。著作由门人辑成《王文成公全书》三十八卷,其中在哲学上最重要的是《传习录》《大学问》。

目 录

第一章 立志成为圣贤

传奇的出生经历 …………………………… 003
顽皮的天才少年 …………………………… 011
用计谋改变继母 …………………………… 017
超出常人的志向 …………………………… 020
莫名失踪的新郎 …………………………… 031
向大儒请教学问 …………………………… 036
失败的格竹实验 …………………………… 042

第二章 官海跌宕起伏

正式参加科举考试 ………………………… 047
开启仕宦的生涯 …………………………… 053
公务闲暇访名山 …………………………… 061
到阳明洞天修炼 …………………………… 072
在山东主持乡试 …………………………… 076
因上书被捕入狱 …………………………… 082

第三章 患难方见真知

侥幸逃脱悲剧命运 ………………………… 095

绕道福建到达南京 …………………… 104
　　奔赴贵州的龙场驿 …………………… 109
　　初到异乡的清贫生活 ………………… 115
　　异乡人的五味杂陈 …………………… 122
　　在贵州的讲学生活 …………………… 129

第四章　立下不朽功绩
　　调任江西庐陵知县 …………………… 137
　　三人的誓约求学 ……………………… 145
　　到赣南平定民变 ……………………… 149
　　清剿池仲容集团 ……………………… 158
　　教化赣南百姓 ………………………… 161
　　平定宁王叛乱 ………………………… 167

第五章　晚年理想追求
　　立功反受到陷害 ……………………… 175
　　坦然地面对荣辱 ……………………… 181
　　在家乡立院讲学 ……………………… 185
　　人生的最后一战 ……………………… 195

第一章

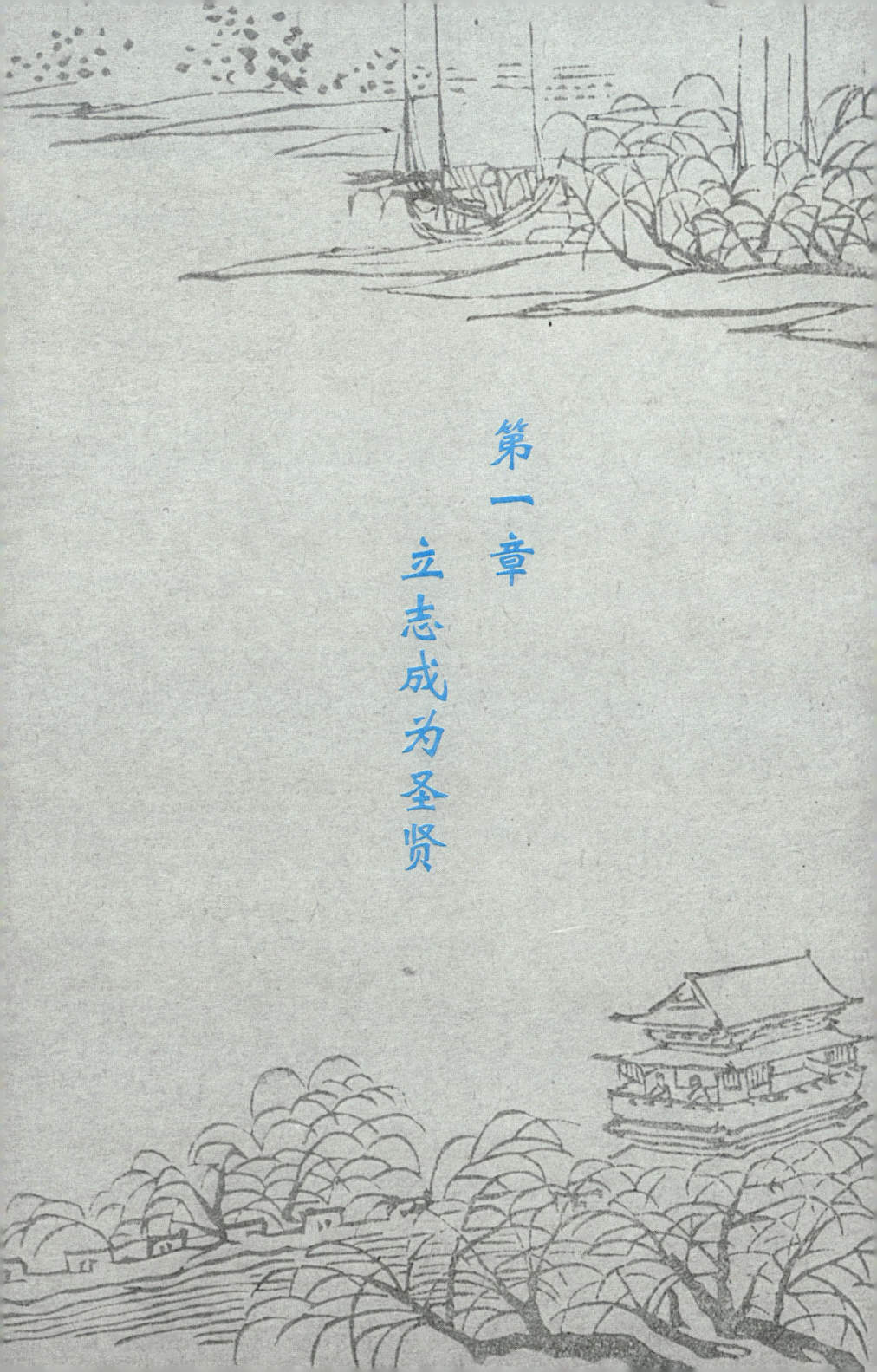

立志成为圣贤

传奇的出生经历

在明代浙江余姚城的中心偏西,姚江北岸,有一座苍翠的山,名叫龙泉山,又称灵绪山、屿山。虽然其高度不到二百米,但是登上山顶眺望,余姚全城景色仍可尽收眼底。

龙泉山风景优美,山腰有泉,泉水不大,但终年不涸,此泉名龙泉,号称"天下第一泉",龙泉山因此得名。姚江从山脚潺潺流过,形成"龙山舜水"一大景观。

龙泉山不仅以景美境幽取胜,而且蕴含着丰富的历史文化。相传宋高宗曾经登临此山饮水,觉得泉水甘洌,并说泉好风景更好,因此便建立"更好亭"。

在龙泉山的北麓有一处居所,其中住的是秀才王华一家人。明宪宗成化八年(1472年)初冬的一天,王家传出妇女分娩时的痛苦呻吟。原来,秀才王华的妻子郑氏要分娩了。这个即将出生的孩子,就是日后大名鼎鼎的王阳明。

相传王华家的远祖是魏晋名门"琅琊王氏"。其中最为人熟知的就是王羲之和王导。王羲之是东晋时期著名书法家,有"书圣"之称。王导是王羲之的堂叔,是东晋时期著名政治家、书法家,历经晋元帝、明帝和成帝三朝,是东晋政权的奠基人之一。

不管王华一家是否确实为"琅琊王氏"后人,但这种出身于贵族名门的意识毫无疑问地影响了他们一家人,规范着他们的一言一行,在潜意识之中给他们提供了向上的精神动力。

对王华一家产生更直接影响的是他的五世祖王纲。王纲，字性常，与两个弟弟秉常、敬常一并以文章名于元末。王纲堪称文武全才，尤其擅长相术，据说还曾在终南山道家赵缘督门下学习卜筮之法，可以说有点通天彻地的本事，在元末是颇有声望的人物。

物以类聚，人以群分。王纲年轻时与大明国师刘伯温交情不浅。在挚友刘伯温还过着闲云野鹤般生活的时候，王纲曾对他表露心境："老夫性在丘壑。异时得志，幸勿以世缘见累，则善矣。"这话大意是："我喜欢住在山里清静的地方。你以后做了官，千万别拖我一起去，那就最好了。"

不过王纲这种闲适并没维持太久，元灭明兴时，刘伯温向朱元璋举荐了王纲。时年王纲已经七十岁了，碍于老友面子只得出山。朱元璋亲自策问治国之道，王纲的回答让朱元璋十分满意，于是朱元璋让他担任兵部郎中。

后来，王纲被派去平息潮州变乱，据说事成后在回京路上被海盗杀害。他儿子王彦达由于没钱买棺材，只能缝羊皮包裹父亲遗体归葬于乡。可是，朱元璋竟然对此事漠不关心。因而，王家的人对朝廷寒心了。王彦达回了老家余姚，在秘图湖边盖了间小房，给自己取了个"秘湖渔隐"的雅号。

王彦达去世时留下遗言，要子孙世代以耕读为业，不要去做官。他临终前把祖上留下来的书都传给了儿子王与准，并嘱咐儿子说："给你这些，只为别荒废了祖宗传下来的东西，不是指望你去当官。"

王彦达的这个决定，使王氏几代都不求闻达，而致力于读书,为王华家奠定了浓厚的文化底蕴。王华的曾祖王与准,字公度,他恪守父训,不愿做官,早年闭门力学,尽读先世遗书,精通《礼》《易》,著有《易微》数千言。他也继承了家传的卜筮绝学,为人占卜百测百灵,因此名声远扬。

永乐大帝登基后,派官员到处搜寻人才。王与准害怕官员找到他,让他去做官,便逃进深山,不小心从石崖上掉下去摔伤了脚,于是给自己起了个外号叫"遁石翁"。征召王与准的官员见他受了伤,于是改征他的次子王杰入朝为官。

王华的祖父王杰,字世杰,自号槐里子,世称槐里先生,是王家又一才子。他幼时即有志求圣贤之学,年十四尽通"四书""五经"以及诸位大儒的学说。

后来,王杰赶上大考之年。按考试规定,考生需要散发脱衣并接受检查以避免作弊。王杰觉得这是侮辱,连考场也没进,转身就走。后来,他多次受明王朝征召,均以父母年迈为理由拒绝。王杰的母亲在临死前,告诫他一定要出仕为官。王杰谨遵母命,接受了朝廷的征召做了贡太学。在王杰潜心研学的一生中,他著有《易说》《春秋说》《周礼考正》《槐里杂稿》数卷。

王杰有个儿子叫王伦,字天叙。王天叙喜欢竹子,他在自己住的小屋周围种了不少竹子,因此得了个雅号"竹轩先生"。

王天叙是个大器早成的人。他刚一成年,浙东的名门望族就争着聘请他做家庭教师。他承继了祖先淡泊名利的品性,虽然满腹经纶,却不愿做官,当了一辈子教书先生。

王天叙喜欢读书,尤其喜读《仪礼》《左传》以及司马迁的《史

记》等,为文简古有法,赋诗作文立就,著有《竹轩稿》《江湖杂稿》若干卷。

王天叙最为可贵的品德是容人之美。他的母亲性格严厉,又偏爱他的弟弟,天叙却像舜一样照样孝敬母亲、爱护弟弟。这种秉持仁义之道的涵养,正是中华文化推崇的君子之风,对王天叙之子王华的成长起到了积极的影响。

王华自幼生性聪敏,刚会说话时,父亲就教他读诗,他经耳便能随口吟诵,年龄渐长,读书竟至过目不忘。王华不仅聪明,而且品德高尚。王华六岁时的某一天,与一群孩子在河边戏水,见前来洗脚的醉汉把一个袋子忘在河边了。王华拾起,打开一看,袋子内有数十两黄金。他心想,此人酒醒必来寻找,但他又恐怕黄金被人抢去。于是,他心生一计,将钱袋投入水中,坐等失主。

不久,失主果然号泣着跑来。王华迎上前说:"是来找你的金子吗?"失主悲伤中带着惊奇地答道:"是啊,你看见了吗?"于是王华把扔金子的地方指给了失主。

失主找到了金子,非常感激王华,拿出一两金以作酬谢。王华笑道:"我不拿你数十两金,反要你一两金吗?"

尽管醉汉一再坚持,王华就是不接受。从这件事情可以看出王华的品德高尚和才智过人。

王华从小勤奋好学,经常到附近的龙泉寺读书。龙泉寺在龙泉山的南麓,靠近姚江,始建于东晋成帝咸康二年(336年),依山而建,气势恢宏。由于寺庙安静,附近的孩子也经常在龙泉山游玩、读书,因此王华结识了很多小伙伴。

年少时的王华醉心儒学,曾受心学大师陆九渊心学的影响,其"制心"的功夫颇硬。在王华十四岁时,龙泉寺的"闹鬼"之说传得沸沸扬扬,人们谈"鬼"色变。龙泉寺周围的人全都吓跑了,唯独王华无所畏惧,照常在寺中用心读书。即使到了深夜,他依旧正襟危坐,吟诵不绝。

事后有人问王华:"妖怪为祟,诸人皆被伤。君能独无恐乎?"

王华回答说:"吾何恐?"

那个人又问:"请人去后,君更有所见乎?"

王华回答说:"吾何见?"

问者叹了口气说:"君天人也,异时福德何可量!"

王华以"鬼"是否存在于心来判断其有无的想法明显是受陆九渊"宇宙便是吾心"之说的影响,这无疑对儿子的思想形成产生了重要的影响。

明英宗天顺六年(1462年),十六岁的王华考中秀才。虽然王华成绩一直在府学名列前茅,他也曾被当时布政使宁良考察学问,与其好友谢迁并列第一,但是在随后数次乡试中,他均遭落第。

王华连年不第,只好以教书为生。有一年,在祁阳(今湖南祁阳)教书期满,他告别祁阳文友,准备回家参加乡试。祁阳的学子们设宴为他饯行,他们想试探一下王华的节操,特意将宴席安排在水中央的一座亭子里,并事先藏了两个妓女于亭内。

席散之后,众人都乘船上岸而去,将王华安置在亭里歇息。这时,两个妓女从亭内走出来。王华吃惊不小,急忙呼船,可是船都已走远,无奈的他只得拆了一扇门板渡水而归。此后,祁阳人

更加佩服王华的人品。

这个王氏家族本就充满了传奇色彩,王阳明的出生在传奇之外又增加了几分神秘。他的父亲王华虽然出身书香门第,但是家庭穷困,成亲的时候已经二十五岁,住的地方也是租来的。

王华婚后不久,妻子郑氏怀孕,可是一直到第十个月,孩子还没有降生,家人都不免心急如焚。

有一天晚上,王华的母亲岑氏做了一个奇怪的梦。在梦中她见到一位身穿红袍、佩戴宝玉的神仙,在漫天瑞雪的笼罩之下和鼓乐鸣奏之声中,从云间缓缓降临,专程送来了一个活泼可爱的小儿,双手捧给了她。她非常高兴,可是想到自己年事已高,就说:"我已经有儿子了,我儿媳妇对我很孝敬,能不能让这孩子做我孙子呢?"神仙很爽快地答应了。

岑氏突然从梦中惊醒,并将梦境说给丈夫听。第二天,王华派人来报,其妻郑氏产下一个男孩,并请孩子的祖父王伦给孩子起名字。

王伦想起妻子的梦,他喜不自禁地连声说:"好!好!既然是天上的神仙驾云送来的孩子,就叫王云吧!"

从此,王家这个新出生的孩子就有了人生的第一个名字,叫"王云"。

岑氏这个神奇的梦逐渐在街坊乡里流传开来,人们都觉得王家这个小孩子的出生有些稀奇,渐渐地就连他出生的地方都有了非凡的意义,大家把王家那个小楼叫作"瑞云楼"。

这则美妙的传说表明小王云为上天所授,不同常人。如此一来,王家上上下下的人对小王云都十分钟爱,百般袒护。

天生神奇的小王云到五岁时,还不会说话。普通人家的孩子,一两岁就开始说话了,因此王家人担忧起来了,小王云会不会先天聋哑呢？但是小王云平时极聪明伶俐,绝不像是先天聋哑的孩子呢！

王家只好到处寻请名医来诊治,可是名医对此也都束手无策。小王云眼看就要到了上学的年龄,大家都以为他是一个治不好了的废人了。谁知就在这个时候,又一件奇怪的事情发生了。

传说有一天,小王云在家门口与一群孩子嬉戏玩耍。这时,从远处来了一位白须白眉的老和尚,他径直地走到小王云面前,伸手抚摸他的头,口中念念有词。

小王云既害怕又奇怪,急忙返身跑回家中,一边用手指点着门外,一边拉着祖父往外走。

王伦十分纳闷,宝贝孙子今天怎么了呢？他跟着小王云来到门外,看到那位老和尚气宇不凡,像是位高人。于是,王伦把老和尚请进了家门。

老和尚端详了一下王伦,又对小王云仔细地看了一遍,指着小王云对王伦说:"好个孩子,只可惜被点破了呀！天机不可泄露,你把天机泄露了,他自然不会讲话了！"意思是说,"王云"这个名字道破了他的来历,是造成了他不会说话的原因。

王伦恍然大悟,马上向老和尚请教解除的办法。老和尚说:"要想让孩子开口说话,必须立即改名,只有这一个办法。"

王伦思考了一会儿说:"人者仁也,为人必须守仁。《论语·卫灵公》有云,'知及之,仁不能守之,虽得之,必失之',那就改名为

'守仁'吧！"

从此，小王云有了一个正式的大名：王守仁。——后来，王守仁在家乡阳明洞办学，创办阳明书院，自号"阳明子"，故世人多称其"王阳明"。

老和尚当即拉过小守仁，在他的头顶猛拍了三掌。小守仁莫名其妙地被人打了三掌，想哭不敢哭，想笑又不敢笑。只听见老和尚开口念道："莫要哭，莫要笑，你的来历我知道。三掌打开聪明孔，聪明之人多烦恼。"

从此以后，小守仁同其他孩子一样可以开口说话了。有一天，家人发现他一个人念念有词，仔细一听，他是在背诵祖父读过的诗文。全家人对此感到非常惊奇，因为小守仁可是一个从未读过诗书的小孩子呀！

于是，王伦笑着问孙子："你怎么会背诵诗文呢？"

小守仁说："爷爷喜欢我，每当爷爷读诗文时，就把我抱坐在膝盖上，我早就听得耳熟了，当然就会背诵了呀！"

从此，王伦专心教孙子读书。他是一个非常有学问的人，小守仁又是一个天生聪慧的孩子。因此，小守仁学习的进步速度可想而知，真是一日千里，他的知识水平很快就超越了同龄孩子。

第一章 立志成为圣贤

顽皮的天才少年

明宪宗成化十一年(1475年),王守仁的父亲王华由于学问高深,晋升为不需要参加录科考度的儒士。松江提学张时敏对王华大加赞叹,期许王华状元及第。随着王华名声越来越大,大家世族争着前来礼聘他担任子弟老师。时任浙江左布政使的宁良请王华到他的家乡祁阳任教,王华接受了其邀请。宁家有数千卷藏书,王华执教之余,足不出户,闭门读书。

成化十六年(1480年),王华在祁阳教学期满,回乡参加乡试,以浙江乡试第二名的成绩中举。原本王华应是第一名,因答谢考官时身着白衣,被主考认为不成体统,遂降为第二名。

第二年会试,王华名列第三十三位,录取他的正好是其好友"礼记"房的同考官谢迁。殿试时王华被皇帝点为第一名,状元及第,官授翰林修撰,后来又担任皇帝的日讲官。

在状元及第前,王华除应考外的近二十年时间,基本以教书为生,再加上作为"生员"的"廪食"补贴,他已经有了一定的经济能力。为了改变自己的仕途生活环境以及千余年的祖籍渊源,王华举家离开余姚,移居绍兴,在绍兴光相坊买了房子,后来又在王衙弄吕府边建起了状元府。

王华为人仁德宽恕,真诚坦荡,对任何人都相待如一。如果别人有一点点优点,他就会赞不绝口;如果谁有急难,他就会竭尽全力帮忙救助;如果发现别人的过错,他就会直言规劝,绝不

护短。

　　王华对父母极为孝顺。母亲岑太夫人百岁时，王华也年过七十，却还像童子似的每日都在母亲左右侍奉，从没有一丝懈怠。后来岑太夫人去世，王华悲痛欲绝，在母亲出殡那天，他光着脚丫在灵柩后面一路哀号，走了数十里，以致染病卧床近一年。他的行为得到了当时社会舆论的一致好评。

　　父亲的高尚品性对小守仁的一生产生了深刻的影响。成化十八年(1482年)，在小守仁十岁的时候，王华开始在北京做官，他希望把儿子带到北京去求学。王伦也希望孙子能到北京去接受更好的教育，于是他打点行装，亲自把孙子从浙江送往北京。

　　祖孙二人从浙江出发，沿大运河一路北上。有一天，他们来到了镇江。当地的学士名流听说新科状元的父亲和儿子到了此处，便在金山寺妙高台设宴，为他们接风洗尘。老爷子很高兴，带着宝贝孙子去赴宴。

　　文人雅集，酒酣耳热之后便要联诗作句。众人在高雅的妙高台上，都想要写出好的诗篇来，于是大家都在那里闷头苦思。

　　这些诗人，捻胡须的捻胡须，搔脑袋的搔脑袋，时间过了很久，却没有一个人作出半句诗。看着这些文人摇头晃脑的样子，小守仁不免哈哈大笑。原来，这位富有天才的小诗人，早已经作好了一首诗。

　　大家看着这个小孩子大笑的表情，既感到莫名其妙又有些气恼。有个脾气不好的人忍不住对小守仁说："你这个小孩子，又不懂作诗，在这笑什么？把大家的思路都打乱了，去一边玩吧！"

小守仁却大声地回答说:"诸位爷公,我已经想好了几句诗,看大家作得辛苦,不免感觉好笑,因此情不自禁地笑出声来了,还请爷公们见谅!"

听着小守仁狂妄的话,大家认为小守仁不免有些可笑。只有王伦知道自己孙子的本事,只见他清清嗓子,看看大家,自信地说:"你既然想出了几句,那不妨写下来,让诸位爷公给你指点指点!"

小守仁表现的机会来了,只见他昂首挺胸走上前去,拿起桌上的笔饱蘸浓墨,笔走龙蛇,"唰唰唰"地题写了一首七言绝句。这首诗写得太漂亮了:

金山一点大如拳,打破维扬水底天。
醉倚妙高台上月,玉箫吹彻洞龙眠。

众人一看,不禁大吃一惊。这首诗不仅格律工稳,而且想象奇特。诗的前两句说,自上往下看,江中的金山就像一只拳头打破了扬子江面。那个时候的金山还没有和陆地完全连成一片,这种描述可谓神来之笔。然后又说,妙高台之高都可以倚到明月了,站在这绝胜高妙之处,吹一曲箫曲,可以让那神仙洞府中的真龙都陶醉无比。这种意态何等高妙,何等潇洒啊!

以这种高妙潇洒的意态形容金山寺妙高台的诗,古往今来也许只有一代天才苏东坡的诗可与之相提并论了。然而,作出此等诗的只是一个十岁的孩子,众人不禁交口称赞。

众人点赞之际,也有人心中不服气。其中有一位老爷子,他与王伦的关系向来不太好,一看就怀疑了,这么好的诗怎么可能

是一个十岁的孩子写出来的呢?他心想:肯定是王伦事先在家里写好,让孙子背下来,作秀给大家看。

于是,那位老爷子就问小守仁说:"这诗不是你写的吧?是你爷爷让你背下来的吧?你要真有这本事,我马上给你重新命个题。就以'妙高台蔽月山房'为题,你要能写一首,我就相信你并且亲自给你磨墨。"

小守仁说:"不需磨墨,我要像曹子建那样七步成诗。"只见小守仁略一思索,张口就来:

> 山近月远觉月小,便道此山大于月。
> 若有人眼大如天,当见山高月更阔。

这首诗一出来,就更不得了了。为什么?小守仁的这首诗说的是什么呢?这首诗意思是:蔽月山房,抬头看山和月,为什么看山比较大,看月比较小呢?这是因为你的视角是自下而上的。换一个视角,若有人眼大如天,自天空而下望之,所谓的高山也不过是沧海一粟,而只有夜色下的千古明月才真正阔大。

这首诗应该是古诗中最早的相对论。山和月,大和小,远和近,朴素又深奥的辩证关系,其中蕴含的是一种杰出的思维方式。这首诗不是证明了小守仁的文采,而是证明了他具有天才的思维。

眼前这个十一岁孩子作的诗的确已经超出了常人,大家再没有什么话讲,只是表示赞叹和佩服。"神童啊神童!前程不可估量!"大家都对小守仁交口称赞道。

从此,王伦更加喜爱自己的这个孙子了,也更加注重对小守仁的言传身教,将自己毕生所学倾囊相授。

十岁的小守仁同祖父王伦到达京城。王华安排小守仁到私塾读书,让他系统地学习儒家经典。

即使小守仁很聪明,然而他在书馆读书期间,却不像其他孩子那样听先生的话。他常常特立独行,做出一些出人意料的举动。作为父亲的王华不免有些担心小守仁不能将才智用在正途上,因此他便想聘请一个既有学问又严厉的先生教导、约束小守仁。王伦却并不认同儿子的想法,他对孙子非常有信心,坚定地认为他的孙子原本就与一般儿童不同,将来必定能成大器。这种想法的产生,一方面原因是他对孙子的疼爱,另一方面是他一直带着孙子,他对小守仁的了解比王华对其子的了解更多一些。

有一天放学后,好动贪玩的小守仁照例与小伙伴溜到街上玩耍。一帮孩子在大街上东钻西窜,直到天快黑时方才兴尽回家。小守仁与同伴分手后,独自走在回家的路上,忽然看到市场上有人卖麻雀,他非常喜欢,就想要一只。但是他没带钱,那人自然不肯给他,小守仁急得哭了起来。

恰在这时,人称"麻衣神相"的道士从他身边走过。道士看到小守仁的面相之后非常惊讶,对众人说:"此子他日大贵,当建非常功名。"

道士出钱将麻雀买下,送给了小守仁,并说要仔细地给小守仁看看相。虽然小守仁还是小孩子,但是胆儿却很大,他嬉皮笑脸地点点头,看这相士到底要说些什么。

道士认认真真地观察了小守仁一番,最后摸着他的脸说:"吾为尔相,后须忆吾言:'须拂领,其时入圣境。须至上丹毫,其

时结圣胎。须至下丹田,其时圣果圆。'"

　　道士这是在告诉小守仁,等他的胡须长到不同的地方,即他到不同的年龄,他的修为也将达到不同的境界。道士又嘱咐小守仁说:"孺子当读书自爱,吾所言将来必定应验。"

　　道士的话开启了小守仁封闭的智慧大门,他把这些充满神化意味的话深深地记在了心里,并由此立下了学习圣贤的志向。

用计谋改变继母

在小守仁十二岁的时候,其母郑氏去世,他悲痛欲绝。父亲王华有一个爱妾,她在郑氏去世之后升为正室。然而,这位继母向来对小守仁不太好,以致小守仁心中更加不舒服。

由于继母笃信佛教,小守仁决定利用这点来"教训"她一下。于是,他半夜悄悄起床,把茶盘放在佛堂外面。第二天早晨,继母见了茶盘,感到非常奇怪。以后天天如此,继母就害怕了,但是仍不知道究竟是怎么一回事。

有一天,小守仁去街上游玩,见到鸟贩卖一只怪鸟,他当即买了下来。然后他来到巫婆的住处,给了她五钱银子,并要求她过会儿见到继母要如此这般说。叮嘱完毕,小守仁就装作若无其事的样子回到家中,偷偷地走进继母的卧室,把怪鸟藏在被子底下。

继母回到卧室,一掀被子,怪鸟突然从中飞出,在屋子里乱转,还发出阵阵怪声。这情景可把继母给吓坏了,她赶紧打开窗子,把怪鸟赶了出去。

在民间,野鸟入室是不祥的征兆,更何况还是一只发出怪声的鸟,那真的是太不吉利了。继母寻思:这只怪鸟是怎么进到自己被子里的呢?屋里挂着窗帘,被子也非常厚重,怪鸟根本不可能钻进去。她越想越觉得害怕。

小守仁听到继母发出惊叫声后,佯装什么都不知道,进屋询

问原因。继母向他讲述了这一怪事,小守仁听罢说:"何不召巫者询问一番呢?"

继母立刻派人找来巫婆。巫婆一进门就神秘兮兮地嘟囔道:"哇!这家有怪气啊!"然后,巫婆又盯着继母看了一会儿,说:"夫人气色不佳,当有大灾至矣。"

继母将被子中飞出怪鸟一事告知巫婆。巫婆听后对她说:"老妇当问诸家神。"

于是,巫婆点好香烛,让继母跪拜诸神。仪式结束后,巫婆又假托小守仁生母的亡灵附体,对继母说:"汝待我儿无礼。吾诉于天曹,将取汝命。适怪鸟即我所化也!"

继母吓得脸色发青,立即跪地谢罪。小守仁也扑通一声跪下,假装替继母求情。

过了一会儿,巫婆装出已经苏醒了的样子说:"适见先夫人,意色甚怒,将托怪鸟啄尔生魂。幸夫人许以改过,方才升屋檐而去。"

从此以后,后妈对小守仁的态度有了很大改观,视若己出。这件事显示了小守仁从小就具有善于权谋术策的本事。不过,小守仁对于继母的所作所为完全有别于其祖先王祥和王览的孝行。

王祥和王览是一对同父异母的兄弟,两人品行高洁,是中国二十四孝故事中的人物。王览的故事少有人知,然而他的哥哥王祥的事迹,大部分人应该有所耳闻,世有他为母亲卧冰求鲤的故事。

王祥的继母对待王祥的态度十分恶劣,经常打骂他。虽然王祥一直受到继母的打骂,但他并没有怀恨在心,反而对继母更加孝顺。

有一次,生病的继母想吃鲤鱼,可是那时水面已经结冰了,弄到鲤鱼是件极不易的事情。他的继母就像个任性的孩子,吵着闹着要吃鲤鱼。为了满足继母的这个要求,王祥来到河边脱下自己的衣服,卧在冰面上打算用自己的体温融化冰来求得鲤鱼。功夫不负苦心人,他最终抓到了鱼,匆忙赶回家烹饪鲤鱼。继母吃了鱼之后,病渐渐地好了起来。王祥的孝心也被传了开来,继母受到了大家严厉地批评,而王祥受到了极大赞扬。

继母因此怀恨在心,想要杀了王祥。于是她想了个主意,在王祥的饭菜中下了毒。王览知道母亲的主意后,立刻赶回家阻止母亲。没想到,哥哥已经坐在了桌子旁,所幸饭菜还没有动。王览赶忙坐下,想要先哥哥一步喝酒吃菜。母亲夺过了他的酒杯,把饭菜也推到了地上。

王览的母亲很愤怒,自己的亲生儿子偏偏和自己对着干。王览情真意切地向母亲哭诉了自己的不解,他为哥哥感到委屈。王祥见了,把他拉进自己的怀里,帮他擦去了眼泪。

随着时间的流逝,王祥对待继母仍然是万般孝顺,渐渐地继母也感到惭愧了,反思了自己的所作所为,对待王祥的态度也有了改观,最后一家人开始和和睦睦地过着日子了。尽管兄弟俩的故事有后人美化的成分,但是他们的美好品德是可信的。

小守仁虽然和先祖王祥一样,自小便遭受继母的不公待遇,但是采取的方法却截然不同。王祥、王览的孝行是世间的典范,而小守仁则是用权谋术策惩戒自己的继母,并最终助其向善。

超出常人的志向

王家世代崇尚读书、研学。小守仁不仅喜欢读书,也喜欢军事,这有些像他的六世祖王纲。以世代耕读传家的王家,其族人所学的书有很大一部分是先祖王纲亲自撰写的。身经百战的王纲所著之书必然少不了讨论阴阳兵法之道。这些书伴着小守仁成长,自然对他产生了一定的影响。

小守仁自幼聪慧异常,若能专心走功名之路,必定能像他的父亲王华一样高中状元。小守仁的性情却和他那位六世祖王纲更为接近些,他对军事战阵有着天生的爱好。

小守仁在私塾上学时,不肯专心读书,经常趁老师不在,带领同学们浩浩荡荡地跑到学校外玩耍。玩的游戏大多时候是两派学生模拟打仗,每派都有自己特制的旗帜,由小守仁统一调度。只见他一声令下,两派人马左冲右突,大呼小叫,变换阵形,宛若真实的战场。

有一次,教书先生离开学宫外出办事,小守仁便带领同学们玩军事游戏。他们玩得太尽兴了,以至于教书先生回来了,他们还在玩耍。先生便将此事告知王华,王华听罢很恼火,严厉地指责小守仁说:"我们家世代都喜欢读书,你不知好好读书,玩这个有什么用呢?"

小守仁却反问道:"读书有什么用呢?"

王华正色道:"读书就能像我一样中状元,当大官。"

小守仁说:"父亲中状元,子孙世代都必须要中状元吗?状元没什么稀罕!"

王华实在压不住怒火,打了小守仁一顿。小守仁感到很委屈,他不明白自己到底错在哪里。

有一次,他很认真地问先生:"什么是人生的头等大事呢?"这相当于是在问,人生的终极价值是什么?

先生先是吃了一惊,因为从来没有学生问过他这样的问题。然后先生还是很快做出了回答:"人生的头等大事就是好好读书,将来能像你父亲一样,登第做状元。"

小守仁想都没想,说:"登第做状元肯定不能算是人生头等大事。"

先生有些疑惑地反问:"那么你说什么是人生头等大事呢?"

小守仁若有所思,认真地回答说:"只有读书做圣贤,才能算是人生头等大事。"

先生把这话告诉给王华,王华听了哈哈大笑:"小孩子知道什么?他知道什么叫圣贤吗?"

这个宏伟的志向,在小守仁的心中扎下了根,酝酿着发芽、开花、结果。中国有句老话叫"三岁看老"。这也就是世人一向高度强调立志的重要性。

立志为什么重要呢?因为志向就是意志,就是方向。只有如此,人在有限的时间、精力和复杂现实之下,才可能少走弯路,而大大提高实现目标的可能性。小守仁从小立志做圣贤的想法为他的人生发展指明了方向。

明宪宗成化二十一年(1485年),王守仁已经十三岁了,在学

习弓马之术的同时，他也开始研读《六韬》《三略》等兵法书籍。

虽然孔子曾说"有文事者，必有武备"，但当时的儒生仅仅巧于章句，平时只关注科举及第和荣华富贵，而从不注重学习兵法。小守仁认为，儒生做文章粉饰太平，一旦遇到事情就束手无策，这是儒生的耻辱。

明朝自开国以来，北方边境从未太平。草原上的那些少数民族除了内部争斗外，经常骚扰大明边关。明朝正统年间，英宗被蒙古瓦剌部所俘。这件事情在小守仁幼小的心中投下了巨大的阴影。他发誓一定要学好兵法，效忠朝廷。

在北京住的日子久了，小守仁对北京的人文掌故、风土人情有了相当多的了解。明英宗朱祁镇北征瓦剌而兵败于土木堡的几年后，著名的爱国将领于谦保卫北京的故事在民间流传甚广，这让少年小守仁心驰神往。

于谦，字廷益，号节庵，明朝名臣、民族英雄，杭州府钱塘县人，于明成祖永乐十九年（1421年）登进士第。明宣宗宣德元年（1426年），他以御史的身份随明宣宗平定汉王朱高煦之乱，升为江西巡按，百姓颂声满道。

宣德五年（1430年），于谦以兵部右侍郎的身份在巡抚河南、山西等地时，因之前未向权臣王振送礼而遭诬陷下狱，由两省百姓、官吏乃至藩王力请，他才得以出狱并官复原职。

明英宗正统十四年（1449年）六月，瓦剌太师绰罗斯·也先侵犯他人领地，明英宗在宦官王振的怂恿下，不顾群臣劝阻，带领五十万大军亲征。由于统帅指挥失误，在土木堡之战中，明军惨败，明英宗被俘。

四朝老臣张辅、驸马井源、兵部尚书邝埜、户部尚书王佐、侍郎丁铭、王永和以及内阁成员曹鼎、张益等五十余人全部被杀,无数的将士战死,财产损失不计其数。明成祖朱棣留下的五十万大军几乎全军覆没,最为精锐的"三大营"部队也随之毁于一旦。

瓦剌太师也先挟持着明英宗,乘明军主力溃散、京师空虚之际,率军南进,企图攻占明朝都城北京。

土木堡之变的消息传到京师后,举朝震动,城内人心惶惶。皇太后命令郕王朱祁钰监国。此时,京城的大官、富户纷纷南逃,有的大臣也主张将都城南迁。于谦、陈循、王直等人坚决反对迁都,主张保卫京师为天下根本。

于谦临危受命,任兵部尚书,针对当时的危急局面,采取了一系列紧急措施。原大同副将石亨在土木堡之战大败后,单骑逃回,被贬官下狱。于谦认为,世界上没有常胜将军,而且战败的主要责任不在于他。于是,于谦将石亨释放,并委任以京师总兵官的官职,由其统一指挥京师步兵部队。

当时,京师的精锐部队已在土木堡消殆,剩下的老弱士卒不到十万。于谦力排众议,请郕王调两京、河南备操军,山东和南京沿海的备倭军,江北和北京各府的运粮军驰援。这样,人心才渐定。

于谦认为,瓦剌势盛,如果我方示弱,会使敌人更加猖狂。他主张,采用背城决战的方略,将二十二万大军列阵京城九门之外,并以重兵设伏于德胜门,形成了一个依城为营,以战为守,分调援军,内外夹击的作战部署,准备与瓦剌军于北京城下决一死战。

正统十四年(1449年)十月十一日,也先挟持明英宗来到北京城下,将其作为攻城略地的政治工具,要求守城者开门。于谦提出"社稷为重,君为轻"的口号,拥立朱祁钰即位,并亲自守城,拒绝也先送英宗回京,粉碎了也先的阴谋。

也先见要挟不成,于是率领大军进犯北京。十月十三日,于谦、石亨率军与瓦剌军在德胜门外大战,瓦剌军大败。瓦剌军又转战至西直门进攻明军,也被明军击退。瓦剌军不甘失败,又在彰义门(广安门)组织进攻。明军佯装失利,瓦剌军追到土城,被潜伏在民居内的明军火枪手阻击,死伤无数,无法推进。同年十一月八日,瓦剌军退至塞外,京师解围了。

于谦与主战派官员领导和组织的京师保卫战取得了胜利,粉碎了瓦剌军企图夺取北京的野心,明王朝转危为安。

退至塞外的也先后来又数次南下,都因明军防范严密而未能得逞。也先鉴于政治诱降落空,军事进攻屡遭失败,损失了大量的人力和物力,又失去了与明朝经商的机会,万般无奈之下,只好无条件地释放了明英宗,恢复了与明朝的臣属关系。

和议达成之后,于谦仍然积极备战,挑选京军精锐部队分十团营操练,又遣兵出关屯守,边境方得以安宁。明代宗景泰八年(1457年),明英宗复辟,大将石亨等诬陷于谦谋立襄王之子,致使其含冤遇害。

对于于谦的故事,小守仁非常了解,他非常敬佩于谦"要留清白在人间"的英雄气节,将于谦看成自己的人生楷模。小守

仁专程到于谦墓前凭吊,并在于谦的祠堂前留下了一副这样的挽联:

> 赤手挽银河,公自大名垂宇宙;
> 青山埋白骨,我来何处吊英贤?

此联可谓是高屋建瓴,大气磅礴,既有痛心的追问,又给予了逝者崇高的评价;既有景物的描绘和恰当的比喻,又将情景巧妙地融合在了一起。联语自然流畅,简洁明朗。作者缅怀逝者,上联借用唐朝杜甫诗句"诸葛大名垂宇宙"来颂扬其功业;下联的"青山""白骨"象征了其赤胆忠心,反问句式则抒发了自己的哀痛心情。

于谦的英烈故事深深地影响了小守仁,他认为做圣贤不仅要读好书,还要能够保境安民。凭吊一下先贤并不能使小守仁有所满足,他在十四岁的时候,便骑马跑到居庸关考察边情。

元代时,居庸关是大都通往上都的重要交通大道;因为皇帝经常过往,因而在关内设有行宫、寺院、花园等建筑。到了明代,居庸关成为军事重地。

朱元璋灭元之后,元顺帝虽然被赶出了大都,但仍想卷土重来,收复失地,恢复元朝统治。而居庸关是他南下的必经之路,所以朱元璋加强了居庸关的防御设施。

明太祖洪武初年,朝廷派大将军徐达、副将军常遇春修筑"跨两山,周一十三里,高四丈二尺"的居庸关城。自此之后历代都有修建,特别是景泰年间又将关城扩大加固,设有水陆两道

门,南北关门外都筑有瓮城。

明朝时的居庸关城建筑体系最为完备,其关城防御体系自北而南由岔道城、八达岭、上关城、居庸关、南口五道防线组成,而居庸关则是指挥中心。守关将士配有盔、甲、长枪、弓、箭等军械和火器。居庸关不仅关城建筑完备,还设有衙署、仓储、书馆、神机库、庙宇、儒学等各种相关设施。

居庸关不仅地势险要,而且风景宜人。居庸关两旁,山势雄奇,中间有长达十八千米的溪谷,俗称"关沟"。这里清流萦绕,翠峰重叠,花木郁茂,山鸟争鸣。若登高远眺,好似碧波翠峰。早在金代,"居庸叠翠"就被列为燕京八景之一。

小守仁登上居庸关极目四望,只见巍峨的长城如同从南北两关伸出的巨手,在东边翠屏山和西边金柜山的峰巅上汇合。看到峰峦叠翠、连绵起伏的雄关要塞,小守仁的万丈豪情在胸中油然而生。就在这一刻,为国家建功立业的思想充满了他的心,他似乎一下子找到了自己真正的人生方向。史书记载,从这时起,小守仁便"慨然有经略四方之志"。"经略"就是经营谋略,"四方"指天下,"经略四方"也就是管理国家大政,为国家安全出谋划策。

小守仁不顾被北方少数民族抓捕的危险,一个人骑马跑出居庸关外考察了一个多月,了解北方少数民族的历史风俗,对他们的生活习惯及其村落进行了大致调查,以便掌握边防备战御敌的策略。

这次边关考察是小守仁将"做圣贤"的想法付诸实践的一种尝试。回到家中,他更加关注时事发展,寻求任何可能建功立业的机会,实现自己的圣贤之梦。

小守仁虽然没有亲身经历过这些民变事件,但是当他在京城听到这些消息的时候,依然非常震惊,他为明王朝所面临的内忧外患感到深深的焦虑,希望自己能够为国家一展身手。

有一天,小守仁对父亲说:"欲以诸生上书请效终军故事。愿得壮卒万人,削平草寇,以靖海内。"意思是说,自己想效法终军请缨的故事,联合一些有识之士给朝廷上书。请求皇帝给自己一万兵马,自己就可以为朝廷效力,平定各地的反叛,实现国家的和平安定。

"终军请缨"是一个典故。终军,字子云,西汉济南人,著名的政治家、外交家。他年少好学,因擅长写文章并且口才好在郡中闻名,他十八岁时,被选为博士弟子。终军少有大志,决心为强大的汉帝国做出一番事业。当他从济南赴长安的途中,进入函谷关时,关吏给他一种符,让他出关时带上,作为信物。

终军问:"拿这东西有什么用?"

那个官吏说:"这是返回的凭证,回来时应该拿它合符。"

终军说:"大丈夫到国都游历,决不返回。"丢下符就走了。

终军这种勇往直前、义无反顾的精神,在其几次出使活动中都得到了充分表现。

匈奴是汉朝的北方强敌,时常入侵到长安附近,对汉帝国构成了严重威胁。汉匈之间,打打和和,其间不断有使节来往。

有一次,汉朝委派使节出使匈奴,终军主动请求说:"我并没有驰骋疆场的功劳,却担任宫中侍卫,白吃了五年俸禄。边境时常有警报,我应该穿上坚甲,拿起利器,冒着流箭飞石,冲

锋在前。我愚钝且不熟悉军事,今天听说要派遣赴匈奴的使节,我愿意振作精神,全力以赴,辅佐使节,在单于面前讲明是非利害,使匈奴停止战争。"于是,他便向汉武帝陈述了其对付匈奴的策略。汉武帝听了终军的想法,非常高兴,擢升他为谏议大夫,并答应了他陪使的请求。最后,终军出色地完成了任务。

后来,终军出使南越更为惊心动魄。南越是古代居住在以番禺(今广东广州)为中心的南海郡地(今广东大部分地区)一带的少数民族建立的国家,在秦时已归附内地并置郡。后来,秦将赵陀乘秦末战乱,自立为王。汉朝初期,赵陀表示臣服,汉朝便以诸侯国加以对待。而后,由于汉朝对其政策有不当之处,赵陀宣布脱离汉朝管辖,并自称皇帝,发兵攻略汉朝边地。汉文帝时,曾派陆贾出使南越,并成功地说服赵陀去帝号,恢复与汉的关系。在汉武帝御宇之时,他为了加强与南越的关系,决定召南越王及王太后入朝为人质,以绝边患。但是在汉与南越关系不太稳定的情况下,汉武帝的决定极易被对方认为是故意挑衅,出使南越要冒很大风险。为了国家的安定和平,终军再次挺身而出,表示愿意担当重任,为国献身。他豪情万丈地对汉武帝说:"愿受长缨,必羁南越王而致之阙下。"意思是说:"请给我一根长绳子,一定捆住南越王把他送到朝廷来。"武帝答应了终军的请求。

从此,"请缨"便成为为国勇担重任的代用语。小守仁在这里引用"终军请缨"的典故,展现了少年王守仁急于建功立业,报效祖国的情怀。

不过,对于儿子急切的心情,王华并不十分理解,认为是小孩子天真的胡闹。于是当场斥责他说:"你一介书生,会打什么仗?再这样乱说,你就是自己找死!"

小守仁并不死心,他把自己关在房间里,洋洋洒洒地写了一份长长的上书。其中结合对居庸关考察的实际情况,发表了自己的军事看法,制定了如何克敌制胜的策略,甚至请求皇帝让他亲自带兵前去征讨。

这一天,王华刚要出门去上朝。小守仁突然拦住父亲,从袖子里掏出了自己连夜赶写的上书说:"这是我为皇帝写的《帝国平安策》,请父亲大人代为转呈皇帝。"

王华心想:你不过是个小毛孩,国家大事和你有什么关系?竟然还写了一篇《帝国平安策》。他正想发脾气,又转念一想,儿子能写出这东西,还是值得鼓励的,不如乘机让他好好练习写作。

于是,王华接过儿子的上书,认真地看了一会儿,说:"全是老生常谈,没有新意。"

如果换作以前,小守仁听到父亲说这话,一定会跟父亲辩论一番。这次,他却立刻躬身施礼说:"父亲大人,儿子知道错了。我尽快修改文章。"

王华见状,心想:这孩子有进步,知道自行改过了。两天后,小守仁在父亲出门上朝前又拿出一篇上书,说:"父亲大人,您不是称上次写的上书是老生常谈、毫无新意吗?我回去修改了一下,请您替我转呈给皇帝陛下吧!"

王华耐着性子向小守仁解释:"你的出发点是好的,可是你想建功立业,不仅要有足够的政治智慧,还要能够进入朝堂。你

不参加科举考试,连皇帝都见不着,怎么施展你的政治抱负呢?"

小守仁听后,渐渐开悟了。从此,他再也不谈这件事了,而是开始专心致志地做学问。尽管他暂时放弃了领兵打仗、报效国家的想法,然而这个梦想并没有从他的脑海里消失。

有一天,小守仁做了一个梦。在梦中,他拜谒了伏波将军马援(字文渊)庙。梦醒后,小守仁大发感慨,写下一首七言绝句,题为《梦中绝句》。诗中说:

卷甲归来马伏波,早年兵法鬓毛皤。
云埋铜柱雷轰折,六字题诗尚不磨。

诗中描述的是伏波将军马援立铜柱的故事。马援,扶风茂陵人,为东汉王朝的创建立下了汗马功劳。

马援的忠诚和人品令少年王守仁推崇备至,因此才有了那首充满英雄气概的《梦中绝句》。年仅十四岁的小守仁就能写出如此高风亮节的诗,真让人惊叹!

王守仁少年时代的诗歌虽然无法与他二十多岁时"以心入文"的诗歌相比,却充满了奇趣、理性和个性,这是他少年时代诗歌的一大特色。

莫名失踪的新郎

早年,父亲给王守仁订了一门娃娃亲。新娘名叫诸婉龄,是江西布政使司左参议诸让的女儿。诸让也是余姚人,明宪宗成化十一年(1475年)进士,和王华是好朋友,所以王诸两家结下这门亲事,可谓是门当户对。

在古代,早婚是十分普遍的现象。朝廷为了增加人口,提高税收,往往下令民间早婚,并亲身实行,以作表率。民间从增添家庭劳动力,保证财产后继有人等因素考虑,也普遍实行早婚。

当王守仁十六岁时,他已经到了当时法定的结婚年龄。按照古代的礼仪,男人娶妻是要亲自到女方家里去下聘礼并迎娶妻子的。于是,王守仁奉父命来到了江西南昌。这是王守仁第一次来南昌,又因为要见岳父、岳母和未来的妻子,他激动的心情可想而知。岳父看王守仁一表人才,风流倜傥,自是十分欢喜,于是把婚期定下了。

结婚当天,诸家张灯结彩,好生热闹。由于两家都是高官,来的宾客自然也都是有头有脸的人物。但是一切准备就绪后,却发生了一件令人们意想不到的事情。

原来,就在举行婚礼的这一天,大家忽然发现少了一个人,少了最重要的一个人,少了谁?新郎官!此时已是宾客盈门,良辰已到,可是新郎官王守仁却失踪了,这婚礼该如何进行呢?虽然当时是秋天,天气已经转凉,但是老丈人诸先生却急

得满头大汗,不知如何是好,只能派人在南昌城内外四下寻找。新娘更是不知如何是好,只能独坐洞房,偷偷地流泪。一家人找了一整天,也没有找到新郎王守仁的影子,大家都以为他逃婚了。

王守仁到底去哪里了呢?原来,就在诸家上下为婚事忙碌的时候,王守仁却感觉闲来无事,看着大家都在忙,也不好意思打扰。于是,他和谁也没打招呼,就悄悄出了门到南昌街上随便逛一逛。

南昌是有名的古城,十分热闹。王守仁在岳父家闷了几天,忽然来到街上,愉悦的心情可想而知。不知不觉间,他来到了最繁华的广润门附近。这里有一个铁柱宫,吸引了王守仁的目光。

铁柱宫又名妙济万寿宫、铁柱万寿宫,始建于西晋怀帝永嘉六年(312年),初名许旌阳祠,坐落在章江码头的广润门内。唐懿宗咸通(860—874年)年间,许旌阳祠被赐名"铁柱观"。据记载,铁柱宫是为了纪念江西地方保护神许真君(许旌阳)而建的,宫中之井与江水此消彼长,中有铁柱,传为许真君所铸以镇蛟螭之害,故有"铁柱万寿宫"之说。

许真君是"一人得道、鸡犬升天"故事的主人翁,他名叫许逊,字敬之,豫章南昌人,东晋道士,净明道派尊奉的祖师。传说,许逊活到一百三十六岁,于东晋孝武帝宁康二年(374年)八月初一合家四十二人一齐飞天成仙,世人尊奉他为"许仙"。

北宋真宗大中祥符二年(1009年),宋真宗将铁柱观改用"景德"年号,赐名"景德观"。北宋神宗熙宁九年(1076年),著名文学家、史学家、政治家曾巩重建许旌阳祠。北宋著名政治家、文学家、改革家王安石曾为此写下了《重建旌阳祠记》，提出"公有功于洪，洪人祀之虔且久"的著名观点。

南宋宁宗嘉定元年（1208年），宋宁宗赵扩御书"铁柱延真之宫"匾额竖于宫上，将"观"改为"宫"。元成宗元贞元年（1295年），铁穆耳继承皇位，又将万寿宫原额"铁柱延真之宫"改赐为"铁柱延真万年宫"。新增的"万年"两字有让百姓颂扬皇帝万岁之意。明代开国皇帝朱元璋来到南昌城，首先就是去铁柱宫降御香，成为第一个在铁柱宫进香的皇帝。此举更是大大地提高了铁柱宫的知名度，因此它一下子就吸引了王守仁的目光。

王守仁心想：这不是当年那位"一人得道，鸡犬升天"的许旌阳所修道的地方吗？这里是否还有高道呢？且去看看。

王守仁迈步进入铁柱宫，刚好在偏殿遇见一位老道。老人家须发皆白，一派仙风道骨之貌。老道面含微笑，以眼观鼻，以鼻观心，正在榻上打坐。这种静谧安详、怡然自得的神态深深地吸引了王守仁，于是，他便好奇地走了过去，与老道士攀谈起来。

王守仁上前作揖行礼，开口问道："道长，敢问何方人士？"

老道听闻有人来访，缓缓地睁开眼睛，回答道："在下蜀地之人，因访道友至此。"

"道长今年高寿？"王守仁又问道。

老道答道："虚度九十有六。"

王守仁有意结识这位老道，于是向道长打听姓名道："敢问道长名讳？"

"贫道自幼出家，入我道门，不知姓名。他人见我时常静坐，

都叫我'无为道人'。"老道声如洪钟,徐徐地答道。

道长邀王守仁坐下说话。王守仁学着道长样子,在道长对面盘膝而坐。他看无为道长面色红润,精神十分矍铄,心想:此人定是得道高人,不知他有何秘传养生功法呢?

于是,王守仁问道:"道长,不知您有何养生之术,能修得如此鹤发童颜?"

老道士见王守仁问得诚恳,便告诉他:"最好的养生的办法就是保持心灵的宁静。老子讲求清净,庄子讲求逍遥。然而,人只有心灵清净了,才能做到清净逍遥。"

无为道人边说边端详着王守仁,继续说道:"我看你印堂有些暗淡,应是有肺疾在身。你我今日有缘相见,既然你有心于养生之道,那我传你一套导引之法可好?"

这位老道士很健谈,王守仁也对道教的养生之术怀着极为浓厚的兴趣,一个是谈得兴起,另一个是听得入神。就这样,他们不知不觉地竟然就谈了一夜。

等到东方露白时,王守仁猛然惊醒,昨天是他的新婚之夜。他连忙告别道长说:"道长,我先回家一趟,改日再来讨教。"

道长摆摆手,说道:"我今日即去他方,还望小友珍重,你我二十年后还当在海上相见。"

王守仁因为着急回去,也没有在意道长的话,便匆匆返回诸家。当他赶回诸府时,众人还在着急,一看新姑父回来了,都纷纷围了上来。问明缘由后,大家真是哭笑不得。不管如何,虚惊一场,总算把人找到了,把该补的程序也给补上了。通过这件事情,许多人认为王守仁真是一个怪人。

诸让觉得既可气又可笑,但他转念一想,这个新女婿为研求学问胜过一切,连洞房之夜都忘记了,将来前程不可限量。所以他并没有责怪王守仁,只是催他赶紧到新房去见新娘。

王守仁清楚自己犯了错误,赶紧向新房走去。一进新房,忙不迭地给新娘子赔礼道歉。诸氏是一个贤惠的女子,虽然对丈夫的行为有些生气,但是见王守仁平安归来,悬了一夜的心也终于放了下来,便没有过分追究。

以后的三十余年,诸氏除了没有去贵州龙场外,一直跟随在王守仁身边。王守仁身体不好,饮食起居,全靠诸氏照料。尤其是赣南平定盗匪期间,王守仁因劳累过度,病倒床上奄奄一息,全靠诸氏悉心照顾,才渡过生死一劫。

向大儒请教学问

明孝宗弘治二年(1489年),王守仁在南昌完婚后,在岳父家住了半年。平时闲暇无事,他便在岳父的官邸里转悠。有一天,他发现了许多箱没用的纸,想起来自己很长时间没有好好地练习书法了,不如趁这一段闲暇时间练习一下。于是,王守仁便取来纸张,每日都坚持练习书法,他的书法功力日益大进。当王守仁启程回余姚时,盛纸的箱子都已经空了。由此可见,王守仁当时练习书法的用功程度。

王守仁自弘治元年(1488年)七月到南昌迎娶诸氏,时间已经过去了十八个月。弘治二年十二月的一天,一场迟来的大雪在暮色中纷纷降下。一夜间,南昌城是"千树万树梨花开"。

这一天,父亲一封手笺如石落湖心,让王守仁泛起思乡的涟漪。转眼就是新年了,该是带着妻子回家的时候了。于是,天一晴,他就携夫人诸氏踏上了返回浙江余姚的路程。从南昌至余姚,枯树寒鸦,千山残雪的风景如墨似画,别有一番江南冬韵。王守仁兴致很高,且歌且行,且行且游。

某日,夫妻来到了上饶城。上饶,古称饶州、信州,位于江西东北部,东连浙江、南挺福建、北接安徽,自古就有"上乘富饶""八方通衢"和"豫章第一门户"之称。在上饶停留休息的时候,王守仁忽然想起岳父曾跟自己讲过,当地有一位名叫娄谅的大儒,精通理学。机会难得,他决定顺道拜访一下这位名人。

第一章 立志成为圣贤

娄谅，字克贞，别号一斋，家住上饶沙溪。那里是上饶与广丰交界的一个千年古镇，山清水秀，贤者辈出。受家族文风的熏陶，娄谅少年时就有志于成为圣贤，所以到处求师。但是他发现许多所谓的学问家却忙着教授科举考试的内容，这让他非常失望。后来，娄谅听说有个叫吴与弼的著名人士在抚州崇仁乡居，躬耕食力，便从上饶赶往崇仁，投在了吴与弼的门下。

吴与弼，初名梦祥、长弼，字子傅，号康斋，崇仁县莲塘小陂人，崇仁学派创立者，明代学者、诗人、著名理学家、教育家。清代黄宗羲的《明儒学案》一书中，《崇仁学案》位列第一，吴与弼为《崇仁学案》第一人，这显示了吴与弼在明代学术思想界的重要地位。因为吴与弼是抚州崇仁人，所以他所创立的学派被人称为"崇仁学派"。该学派认为"理"是宇宙的本体，理产生气，气产生万物，万事为"万殊而一体"。该学派门徒众多，主要代表人物有娄谅、胡居仁、陈献章等。崇仁学派对明代学术思潮的兴起具有"启明"作用。

娄谅初到崇仁，吴与弼一见他的气象便高兴地说："学者须带性气。老夫聪明性紧，贤友也聪明性紧。"娄谅本是一个豪迈之士，非常不屑于世务。此次他初到崇仁，虽然得到吴与弼的夸奖，但是对于学问之道依然不知从何做起。吴与弼早就看出他的心思，便教导说："不屑世务当然是好，但为学之道却不能不亲治细务，躬行践履。"

"格物致知"是程朱理学向来重视的问学之途，而娄谅对于"世务"与"细务"区分得不太清楚。于是，吴与弼同门人一起耕作时，召娄谅前去观看，边挥锄边对他说："学者须亲细务。"娄

谅果如吴与弼所言是个"聪明性紧"的人,当即便悟,由此大为转变。此后在吴与弼的馆舍里,凡扫除之事,娄谅必亲自去做,从不使唤童仆。吴与弼看在眼里,喜在心头,认为孺子可教也。

娄谅成为吴与弼的入室弟子,吴与弼将学问毫无保留地教给了娄谅。在崇仁待了几年后,娄谅因病回到了上饶家中。吴与弼没有忘记这个学生,去江浙两地时,必定在上饶歇脚逗留。因此,娄谅与其师经常会面,有亲自接受老师教诲的机会。在这期间,吴与弼多有诗文相赠,并且亲自为《娄氏家谱》作序。

后来,三十一岁的娄谅通过乡试,中了举人。这一年的冬天,老师吴与弼又一次路过上饶,并登上了娄谅的读书处"芸阁",并欣然地题写了阁名。乡举之后,娄谅自认为学问尚不足,便不急于入仕,继续在上饶的家中修学。在此期间,他经常前去崇仁的师门,不知不觉地过了十余年。

明英宗天顺甲申年(1464年),四十三岁的娄谅再去应试,考中进士。随即朝廷派他出任成都府学训导。在前去赴任时,娄谅想带一部南宋理学家朱熹与其弟子问答的语录汇编《朱子语录》上路,可当时市面上所有书店都没有刻本可购。他便想起崇仁恩师吴与弼的族人有一部古刻,因此急忙派遣家人携金一斤前往求购,但是对方并不愿意出售。于是,娄谅便设法将书借到上饶,请书法好的人抄了一部,在去四川的舟中一路翻阅,并感叹说:"吾道尽在此矣!"

后来,娄谅在成都的任上只待了两个月,即谢病南归。回到上饶家中以后,他足不出户,和弟弟娄谦整日在芸阁以读书讲学为事。娄谅的知名度在上饶越来越高了,上饶的历任郡守都知道他贤明的名声,对他很是尊敬,经常与幕僚来看望他。而娄谅平日里却从不登门回拜郡守们,只是当郡守们初到上饶上任或解任离开时,出于礼貌,他才会亲往一拜,仅此而已。

娄谅的学术,主敬穷理。"敬"为谨慎的意思,是发挥内心涵养的功夫,作为修养方法;"穷理"指穷究事物之理,明得天理,消除人的欲望。娄谅主张以"收心、放心"为居敬之门,以"何思何虑,勿助勿忘"为居敬要旨。"居敬"语出《论语·雍也》"居敬而行简",意为以恭敬而自持。

娄谅这一观点直接继承了朱熹的思想主张。他每天早早就起床,一定是"深衣幅巾"的装束。"深衣"就是将上衣和下裳相连,用不同色彩的布料作为边缘,其特点是使身体深藏不露,显得雍容典雅;"幅巾"或称帕头,是指用整幅帛巾束首,即裁取长度和门幅各三尺的丝帛,从额往后包发,并将巾系紧,余幅使其自然垂后,垂长一般至肩,也有垂长至背。用葛布制成的幅巾称为"葛巾",多为布衣庶人戴用;用细绢制成幅巾称为"缣巾",多为王公雅士戴用。

娄谅先是到家祠进行拜祭,然后来到厅堂,接受家人及诸生的作揖。无论是拜祭家祠还是接受揖拜,他都很严肃认真,简直像参加朝廷早朝一样。即使达官贵人前来造访,娄谅也照样整齐有序、整理好前襟和后襟到祠堂进行祭祀,再到厅堂揖拜,从来也不马虎。

娄谅博览群书,碰到符合他思想的格言,一定要用朱笔进行圈点,然后不停地吟诵。他读书常常到深夜,困意十足才进入内室就寝,从来没有片刻的懈怠。他曾经说,孔子佩戴象环是取中

虚之义。因此，他也设置了一象环佩戴在身上，每天在身上都不取下，以表示中虚无我。

在芸阁讲学的时候，娄谅常常慷慨议论，十分善于启发人的智慧，使听者都忘记了疲倦。还有一些志同道合者常常登门拜访，请教各种问题，使芸阁终日热闹非凡。

十七岁的王守仁和新婚妻子慕名来到了芸阁，拜见了娄谅。此时的娄谅虽然已经六十八岁高龄，但是还在兢兢业业地给学生们讲授朱熹的《四书章句集注》。王守仁抓住机会，立即虚心地向娄谅请教圣贤之道："如何入圣学之门呢？是否可以成为一个圣人呢？"刚见面王守仁就提出这样的问题并不是偶然的，因为学圣贤是他长期以来的一个愿望。可是，他一直以来空有一腔热情，寻觅不到入门的方法，因此感觉非常迷茫。

娄谅的学问功底很深，研习的是程朱理学，其中又融入了心学的成分。他一见到王守仁，看到这个年轻人求知欲望如此强烈，出言谈吐如此不俗，很是赏识。他告诉王守仁："通过研习就可以入圣学之门。"

"做圣贤可以通过后天学习来实现"的观点很新颖，和其他老师讲的完全不同。王守仁听完后真是喜不自胜，迫不及待地追问："成为圣贤，有没有更具体的学习方法呢？"

"有，这个方法叫'格物致知'。"娄谅回答得简单明了。

关于"格物致知"，王守仁自然非常熟悉，因为它是中国古代儒家思想中的一个重要基本概念，是儒家专门研究事物道理的一个理论。它源于《礼记·大学》八目，即格物、致知、诚意、正心、修身、齐家、治国、平天下。不过《大学》中的论述非常简单,只在"欲诚其意者,先致其知;致知在格物。物格而后知至,知至而后意诚……"一段中提及"格物致知",却未在其后做出任何解释,也没有任何先秦古籍使用过"格物"与"致知"这两个词汇而可供参照意涵,从而使"格物致知"的真正意义成为儒学思想的难解之谜。

这时的王守仁还非常年轻,对深奥的理学理解不够深,因此对娄谅的话感到一头雾水。第一次求教,他也不好意思问得太多,所以只好不停地点头称是。不过,关于"圣人可学而至"的说法深深地吸引了王守仁,他决定在上饶小住几日,便于继续向娄谅请教。

时光如梭,一晃五天过去了,这时已经是年底,王守仁不好再耽搁,于是向娄谅告辞。临别时,娄谅拉着王守仁的手,再次说:"圣人必可学而至。"

娄谅的话又深深地击中了王守仁,他更加坚定了要做圣人的决心。他眼中闪着亮光,仿佛看到了自己光明的未来。他感觉全身有使不完的力气,于是信心百倍地向家乡走去。

这一次的拜访奠定了王守仁一生的为学基础。从此,他一心一意做圣贤之学,以圣贤自励,一生未改。过去的王守仁活泼好动、爱开玩笑,但经过这次与名师的会面之后,他渐渐地变得庄重严谨,话也少多了。他对诸氏说:"我从前太过于放纵,现在知道那样真是太过分了啊!"

失败的格竹实验

王守仁夫妇回到余姚不久,他的祖父王伦病逝了。按照古代礼仪,王守仁的父亲王华必须回家守丧三年。王华就趁这个机会召集自己的堂弟、妹婿及儿子等人,一起学习儒家经典。

在这段时间里,王守仁常常读书到深夜,其他人都自叹不如。王华也为儿子的变化由衷地感到欣慰。王守仁搜集了大量的朱熹的著作来阅读,他非常崇尚朱熹的"格物致知"说,想亲身体验一下。

有一天,王守仁边散步边想着"格物致知"之说,突然抬头一看,眼前是一片竹林,顿时有了主意。格物,那就先格这竹子吧!

其实,王守仁的"格竹子"行为并不是突发奇想的玩心使然。首先是因为王守仁的祖父王伦生前特别喜欢竹子,在自己的屋前屋后种满了竹子。王守仁从小与祖父一起生活,对待竹子也就别有一番偏爱。其次,依中国传统来看,竹子不仅是一种植物,更是一种文化的象征。古人把竹子的形态特征象征成一种做人的精神风貌,其内涵已形成汉民族的品格、禀赋和精神象征。看到竹子,人们自然就想到它不畏逆境,不惧艰辛,中通外直,宁折不屈的品格。因此,"格竹子"是一个非常富有文人情怀的举动。

王守仁有个朋友叫钱友同,也有志于成为圣贤,要格天下之物。两人相约,一起在王家的竹园里格物。这天上午,两个人早早吃过饭,来到了院中的竹林里。面对翠绿的竹子,两人从早到晚默默地静坐着,反复思考,竭尽全力来发掘竹子中蕴含的道理。在王守仁看来,透过竹子,能看到整个世界,参透了竹子的变化玄机,也就掌握了宇宙万物的变化规律。就这样,王守仁一个时辰又一个时辰,一天又一天地站在那里"格"竹,甚至连吃饭、喝水都忘记了,更把新娘子一个人丢在房间里。周遭的一切仿佛都不存在,他眼中只有竹子。

眼前这根竹子,碗口粗细,枝叶扶疏,最高处直通天际。王守仁凝视了半天,认真思考这竹子背后的道理。他首先想到这竹子的用处,竹子质地坚韧,竹竿修长,天生是做建筑的好材料,它可以盖房子、搭窝棚,或者截成小段可以做筷子,做竹筒。而从艺术方面来看,竹子姿态优美,有气有节,可以入画,也可以入诗。竹子的种类也繁多,眼前这种竹子,人们称其为毛竹。其竹笋可食用,营养价值丰富,其竹叶可以入药,可做成鲜竹沥治疗咳嗽。可是这些都是竹子的实用价值,背后又有些什么深刻的道理呢?王守仁陷入了深深的思考之中。

一天一夜,什么道理也没有得出。两天两夜,什么道理也没有得出。三天三夜,钱友同因劳思过度病倒了。

王守仁笑朋友太不中用了,自己咬着牙,继续对着竹子沉思。到第六天时,他不仅出现了幻觉,还出现了幻听。他听到竹子在说话,好像在埋怨他:我的道理如此简单,你怎么就"格"不出来呢?王守仁懊丧不已,正要说明自己的难处,突然听到所有的竹子哄堂大笑,这种笑声具有明显的挑衅味道。王守仁愤怒了,使尽浑身力气喊道:"你们就没有道理,我怎么格!"

王守仁不知道自己的体力严重透支，根本就没有喊出任何话来。最后，他扶着竹子倒了下去。当王守仁醒来的时候，发现自己躺在了床上，妻子拿着方巾正在小心翼翼地擦去他脸上的汗水。

怎么回事呢？怎么格不出任何道理来呢？王守仁很迷茫，他感慨地对钱友同说："看来这圣人是做不得的啊！格一物都如此困难，要格尽天下事事物物，我们哪里有那么大的力量啊？"

两人面面相觑，莫非圣贤不是谁都可以做的？从此，王守仁对朱熹的"格物"学说产生了极大的怀疑，这就是中国哲学史上著名的"守仁格竹"。

这里有必要说的是，朱子所讲的"格物致知"只是说自然界的一草一木都有存在之理，需要多观察思考，总结规律。一天到晚盯着一块石头，就能参透它的机理？并没有那么容易。但是天性敏感的王守仁却对朱熹学说的权威性产生了一定的怀疑，认为"格物致知"之说并不是通向圣人之境的康庄大道，而且很容易让人产生误解。这为他"心学"思想的发展奠定了基础。

这次格竹失败也使王守仁的思想性格更加成熟了。他从小就很聪明，很少经受挫折，因此狂傲自负。格竹失败让他意识到自己还只是一个找不到路的平凡人，需要降低姿态，继续学习才能进步。

王守仁的初心是成为圣贤，但是真正踏上圣贤之路无疑是在这格竹失败的一刻。这也教育我们，失败并不可怕，关键是能在失败中汲取营养，并更好地成长。

第二章 宦海跌宕起伏

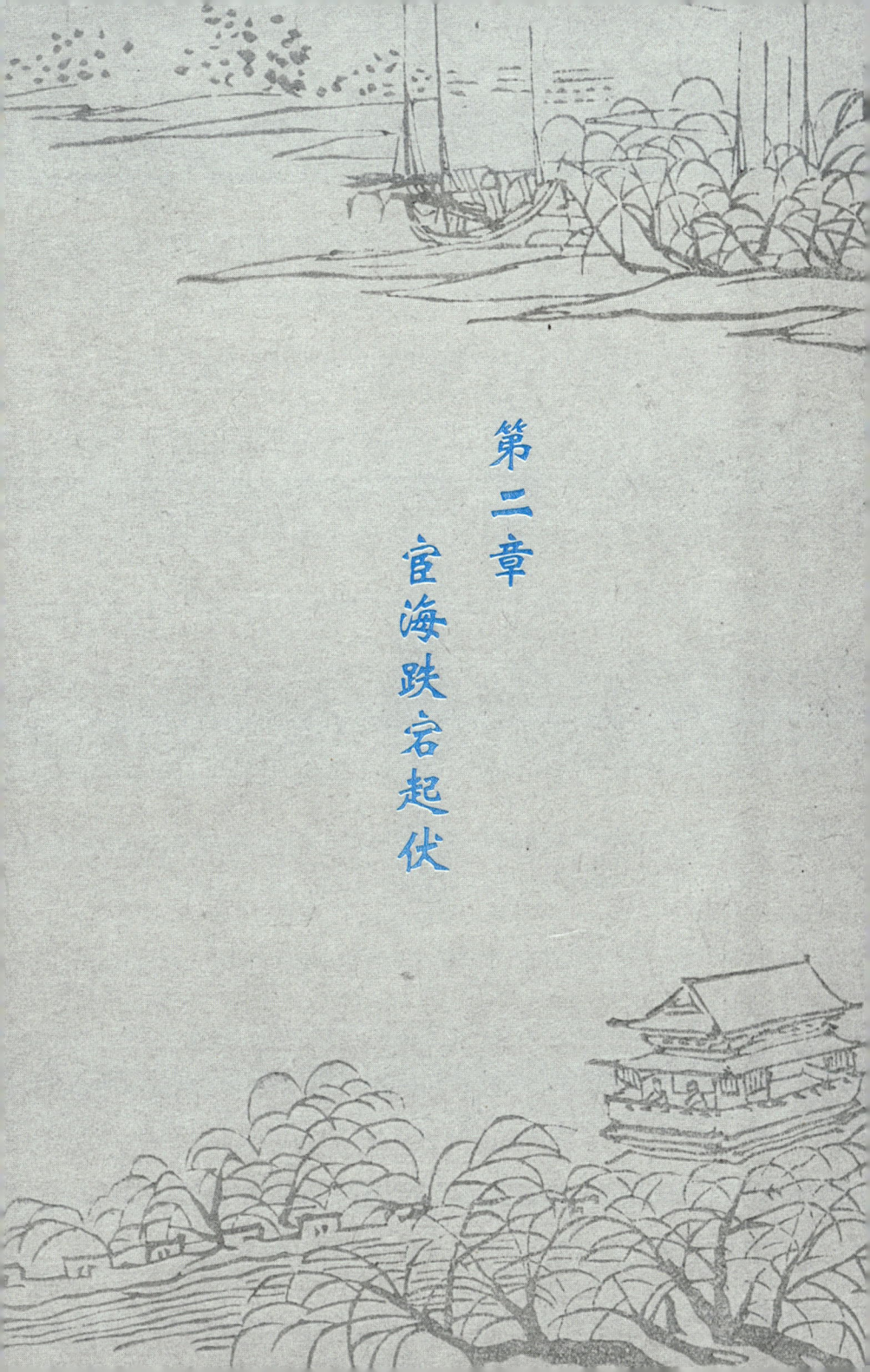

正式参加科举考试

明代对科举高度重视,科举方法之严密也超过了历代。在明代以前,进学院学习只是科举培养人才的方法之一。到了明代,进学院学习却成了科举的必由之路。

明代进入国子监学习的人,称监生。监生大体有四类:生员入监读书的称贡监,官员子弟入监的称荫监,举人入监的称举监,捐资入监的称例监。监生可以直接做官。特别是明初,以监生而出任京城和地方大员的多不胜举。明成祖以后,监生直接做官的机会越来越少,却可以直接参加乡试,通过科举做官。

参加乡试的人员除了监生外,还有科举生员。只有进入学院,成为生员,才有可能入监学习或成为科举生员。明代的府学、州学、县学,凡经过本省各级考试进入府、州、县学的人员,通称生员,俗称秀才。取得生员资格的入学考试叫童试,也叫小考、小试。

童试包括县试、府试和院试三个阶段。院试由各省学政主持,学政又名提督学院,故称这级考试为院试。院试合格者称生员,然后分往府、州、县学学习。

生员分三等,有廪生、增生、附生。由官府供给膳食的称廪膳生员,简称廪生;定员以外增加的称增广生员,科称增生;于廪生、增生外再增名额,附于诸生之末,称为附学生员,科称附生。

考取生员是功名的起点。一方面各府、州、县学中的生员选拔出来为贡生,可以直接进入国子监成为监生;另一方面,由各

省提学官举行岁考、科考两级考试,按成绩分为六等。科考列一、二等者,取得参加乡试的资格,称科举生员。因此,进入学院是科举阶梯的第一级。

明朝正式科举考试分为乡试、会试、殿试三级。乡试是由南、北直隶和各布政使司举行的地方考试,地点在南京府、北京府、布政使司驻地。乡试每三年一次,逢子、卯、午、酉年举行,又叫乡闱。

明孝宗弘治五年(1492年),二十岁的王守仁第一次参加浙江乡试。据说,在他参加乡试时发生了一件神秘事件。那天晚上,巡场者看见考场上突然出现了两个巨人,分别穿着红色和绿色衣裳,东西相向而立且自言自语"三人好做事",说完就忽然不见了。考生们听到这怪人的话后,连卷子都不想做了,专心思考起那句话的寓意来。王守仁自然也不能心无旁骛,但他思考了很久,也得不出合理解释。

据说这个神秘事件为王守仁这次乡试以及日后的军事成就做了一个预言。因为在这个考场上,王守仁和胡世宁、孙燧三个人脱颖而出中了举人。而后来在平定宁王叛乱时,三个人都起到了重要的作用。

王守仁顺利通过这次考试,接下来就要参加第二年的会试。会试是由礼部主持的全国考试,又称礼闱,在乡试的第二年即逢丑、辰、未、戌年举行。全国举人在京师会试,考期在春季二月,故称春闱。

会试也分三场,分别在二月初九、十二、十五日举行。由于会试是较高一级的考试,同考官的人数比乡试多一倍。主考、同考以及提调等官都由较高级的官员担任。主考官称总裁,又称座主或座师。考中的称贡士,俗称出贡,别称明经,第一名称会元。

王守仁中举后,其学问大有长进。与此同时,他也越来越喜欢谈论军事,并且很会射箭。当时,所有人都认为王守仁在第二年的会试中会一鸣惊人,王守仁本人也信心满满。

然而意外发生了。老天爷像故意似的要苦王守仁的心志,劳他的筋骨,让他走一段弯路,或者是让他暂时停滞下来。弘治六年(1493年)春天,会试还没有开始,王守仁就病倒了。可是考试不等人,于是他只好抱病参加了礼部会试。结果可想而知,他名落孙山。

对于这次意外,王守仁仿佛什么事都没有发生。他似乎没有把这当成意外,而是真当成了老天爷的考验。不过,王华的同僚好友却都来安慰王守仁,其中就有当时的文坛领袖、大名鼎鼎的内阁大学士李东阳。

李东阳是一个幽默诙谐的人,和王华私交不错。王守仁的才名以及格竹子的趣事,他早有耳闻,得知王守仁落榜,倍感意外。李东阳本想安慰一下王守仁,却见他并不是什么难受的样子,于是立马改变主意,趁机调侃王守仁说:"你这次虽然不中状元,下一次科举必定会中状元,试一试为下一次科举登第作个'来科状元赋'给我看看。"

对于写诗作文来说,王守仁一向很自信。李东阳刚说完,少年气盛的王守仁当即提笔铺纸,一挥而就。一篇新鲜出炉的《来科状元赋》写得文采斐然,恣意汪洋,如瀑布直飞,如大河奔流。

李东阳读后啧啧称奇,禁不住大声叫好:"此文真是妙哉!"李东阳除了是这年会试的主考官外,还是明朝茶陵诗派的领袖

人物,是当时文坛巨擘,学界泰斗。不是谁都可以得到文坛领袖的夸奖,所以王守仁的文才属实了得。

李东阳慧眼识英雄,看到王守仁就像看到了自己年轻时的身影。所以,他让王守仁作《来科状元赋》,一半是调侃,一半是考验。众官员见李东阳称文章奇妙,也都夺来传阅,个个惊叹:"真是天才!真是奇才!"

"天才""非池中之物""前途无量"等词汇像瀑布一样倾泻在王守仁的头上。这些赞美之词其实是鼓励,王守仁当然明白。他在平静之中又信心十足,在他看来,意外只是偶然出现,不是人生必定。

李东阳大赞王守仁之后,王守仁倒是很平静,而有些人的内心却翻江倒海,一肚子的嫉妒。这些人碍于李东阳在现场,不好意思当面起哄,于是窃窃私语地说:"王守仁如此张狂,如果日后果真中了状元,他的眼中还会有我辈的容身之地吗?"

果然,三年后,当王守仁第二次参加会试时,由于某些人从中作梗,他又一次落第了。在放榜现场,有些人因为没有见到自己的名字而号啕大哭,王守仁却无动于衷。大家以为王守仁是伤心过度,于是都来安慰他。没想到王守仁脸上掠过一丝沧桑的笑,说:"你们以不登第为耻,我以不登第却为之懊恼为耻。"

人生中会遇到很多的艰难困苦,越是在这种时候越能体现人的心性修养。寻常人往往慌乱悲戚,唯有修养深厚者能做到泰然处之。王守仁的坦然态度,正是表现了他深厚的心性修养。

但是,他不能考中进士就意味着不能进入仕途,也就没有机会实现建功立业的梦想。因此,王守仁心中还是有点落寞。但这就是现实,没有考中进士,只能再等三年。

于是,王守仁乘船南下,返回家乡,准备三年后的会试。在路上,他顺路拜访了著名的太白楼。太白楼与湖南的岳阳楼、湖北的黄鹤楼、江西的滕王阁并称"长江三楼一阁",素有"风月江天贮一楼"之称。太白楼又名谪仙楼,位于安徽歙县古镇采石矶西南一千米处,面临长江,背依翠螺山。相传李白在洛阳同华传舍墙上读得一首歙人许宣平写的诗:

隐居三十载,筑室南山颠。
静夜玩明月,清朝饮碧泉。
樵夫歌垄上,谷鸟戏岩前。
乐矣不知老,都忘甲子年。

李白读罢,击掌惊呼:"此仙人诗也。"于是他来歙访许宣平,几经周折,却与许翁失之交臂。因为李白曾经在太平古桥西侧的酒肆饮酒,后人为了纪念他,特将酒肆改名"太白楼"。

旧志记载,太白楼始建于唐元和年间,因记载过简,不得其详。确认兴建较早的时间为明英宗正统五年(1440年)。这一年,工部右侍郎周忱命广济寺僧修惠在寺前建太白楼,并在楼上画太白像进行祭祀。

王守仁在太白楼凭吊过"诗仙"后,不禁诗兴大发,写下《太白楼赋》一篇,吊李白祠诗二首。其中一首诗中这样写道:

谪仙栖隐地,千载尚高风。
云散九峰雨,岩飞百丈虹。
寺僧传旧事,词客吊遗踪。
回首苍茫外,青山感慨中。

从诗中可以看出,王守仁对诗仙非常崇敬。

王守仁回到家乡余姚后,寄情于山水之间,调节心情,溺于辞章,倒也逍遥自在,并与文友们在龙泉山结成一个诗社。虽然诗社规模不大,但组织这些事务的工作对王守仁日后主持书院大有裨益。王守仁与诗社成员经常同游龙泉山,徜徉于山水之间,吟风月、弄花草、抒性情,留下了许多唱和诗。这足见王守仁对故乡的一片深情,以及他与龙泉山的不解诗情。这里的峻峰秀峦、清风白云不仅使他心灵坦荡、胸怀宽广,也使他诗艺大进,诗名日长,成为当时相当著名的诗人。

诗社中有一位忘年诗友魏翰,他平时以雄才自放,常和王守仁一起登山。有一次,两人在山里游玩,对弈联诗。诗句仿佛是地上的石子,每次都被王守仁收了最好。魏瀚惭愧地对王守仁说:"你的诗才太高,我只好甘拜下风,退避数舍。"

在老家,虽然王守仁度过了一段惬意悠闲的时光,但是他期待有一天能大展宏图的念头依然在其心中挥之不去。他以诗咏志,写下了《次韵毕方伯写怀之作》:

孔颜心迹皋夔业,落落乾坤无古今。
公自平生怀真气,谁能晚节负初心?
猎情老去惊犹在,此乐年来不费寻。
矮屋低头真局促,且从峰顶一高吟。

不久,王明阳离开了龙泉山诗社,离开了老家余姚,回到京城,准备再次参加会试。

开启仕宦的生涯

明孝宗弘治十二年(1499年),二十七岁的王守仁再次赴试。这一年的会试格外热闹,考官是太子少保礼部尚书兼文渊阁大学士李东阳和礼部右侍郎兼翰林院学士程敏政。考生有大名鼎鼎的江南才子唐伯虎、徐霞客的高祖徐经、南海"神童"伦文叙等人。

唐伯虎与徐经是同乡,又同为举人,他们从小相识,经常在一起赋诗会文。在进京赶考的这一年,两人相约同船赴京参加会试。

徐经为人十分豪爽,在京城等待会考期间,带着唐伯虎拜访了不少达官贵人,其中也包括主考官程敏政。由于徐唐两人在京师的行动惹人注目,会试的三场考试结束后,便飞语满城,称唐伯虎和徐经买了考题。那些嫉恨他们才华的人抓住把柄,向有关方面打了小报告,说是江阴富人对主考官程敏政的家童行贿,并得到了试题。

另一名主考官李东阳在主考中发现"举人徐经、唐寅预作文与试题合"。于是,徐经和唐寅成了科场舞弊案的主角。在当时,明朝官场派系林立,于是"泄题事件"便成了导火索,大家互相弹劾,斗得不可开交。程敏政、徐经和唐伯虎被打入大牢,受尽冤屈,吃尽苦头。后来经过审查,这一科场舞弊案以"事出有因、查无实据"而结束。虽然几人重获自由,但是明王朝为了减轻社

会舆论的压力,徐经和唐伯虎仍被终身取消了科考资格,发回县衙做小吏使用。另外,对主考官程敏政罢官、告发者华昶作降职处分。

失落的唐伯虎回到家乡吴县,准备了此余生。准备造反的宁王正大举招揽人才,当宁王听说唐伯虎有大才时,欲把他招入帐下。唐伯虎知道宁王是藩王,觉得自己一身的才华可以得到施展,于是就加入了宁王的帐下。

唐伯虎在宁王府上工作半年之后,他发现宁王经常做一些有违朝廷律法的事情,便预料到宁王可能会反叛,就起了离开之心。可他已经上了这条贼船,宁王的秘密都让他知道了,怎能轻易地离开呢?于是,聪明的唐伯虎想出了一个装疯的方法。有一次,宁王派人给他送礼物,他故意脱光了衣服蹲在地上装疯卖傻,并用污言秽语讽刺辱骂送礼人。这些送礼的人看到这一切,拿着礼物就回去了,然后把看到的一切禀告了宁王朱宸濠。宁王一看这唐伯虎已经疯了,于是只能把这个疯子送回家去,唐伯虎这才逃过一劫!

当然,在这次考试中,不是所有人都像唐伯虎一样倒霉,比如伦文叙。他出生在南海县黎涌村,幼时家贫。他的父亲伦显务过农,做过佣工,后以撑渡船为生,一家老小仅能解决温饱。

由于收入甚微,伦显无力送子进私塾读书。在伦文叙两三岁时,父亲便在劳动之余用心地教他写字、读书。小小年纪的伦文叙就能流利地背出数十首诗词,并练得一手好字,还养成了勤学好问的习惯。

在小文叙七岁时,他常到村内一间私塾门外偷听。塾师备受感动,免费收他为学生。因聪慧好学,他八九岁已能诗文,长于对联,每试名列前茅,有"神童""急才""鬼才"之称。

之后,塾师年老病逝,伦文叙因而辍学,但他仍一面卖菜操持糊口,一面专心钻研经典。明孝宗弘治二年(1489年),他以儒士身份赴省应试,为巡按御史赏识,选入太学肄业。此次会试,他获得第一名,成为会元。

王守仁这次考得也非常不错,获得了第二名的好成绩。殿试在会试后当年举行,时间最初是三月初一。明宪宗成化八年(1472年)起,改为三月十五。应试者为贡士,贡士在殿试中不落榜者,特由皇帝重新安排名次。

殿试由皇帝亲自主持,只考时务策一道。殿试毕,次日读卷,又次日放榜。录取分三甲:一甲三名,赐进士及第,第一名称状元、鼎元,二名榜眼,三名探花,合称三鼎甲。二甲赐进士出身,三甲赐同进士出身。二、三甲第一名皆称传胪。一、二、三甲通称进士。进士榜称甲榜,或称甲科。进士榜用黄纸书写,故叫黄甲,也称金榜,中进士称金榜题名。

此次殿试第一名仍然是伦文叙,他成为这次考试的状元。王守仁则是殿试二甲第七名。王守仁的名次为什么落后这么多呢?相传这还是与之前的科举案有关。据说,科举案被皇帝知道后,皇帝勃然大怒,不准主考官程敏政阅卷。凡是程敏政审阅过的卷子全部由他人重新审阅,并将程敏政、唐伯虎和徐经押入大理寺并派专人审理。

徐经根本没有被用刑就承认了自己从程敏政的垃圾桶里找到考试题目的罪行。唐伯虎听说徐经招了,也供认不讳。刑部

把案件结果一报,内阁大学士们认为,程敏政审过的试卷要重新找人来审,但在这些试卷中绝对不能出现前三甲,即不能成为前三名。

无巧不成书,王守仁的试卷正是由程敏政审过的。因此虽然他会试时是第二名,但是在殿试的时候,不能进入一甲,成为状元、榜眼,或者探花,而且直接被降至二甲第七名。

不论此事是真是假,王守仁因为"意外"而要走的弯路终于到了尽头,至少他自己是这样认为的。王华更是为儿子感到高兴,虽然儿子名次不高,但他简直比自己中状元那会儿还要喜悦几分。

考试结束后,接下来就是为这些进士分配工作。很快,王守仁被分配到工部实习。工部是个肥得流油的部门,主管全国土木、水利等工程事务。

朝廷分派王守仁的第一份差事就让他兴奋不已,因为他被派去给曾经的偶像、明朝著名的儒将王越修坟墓。王越,初名王悦,字世昌,大名府浚县人,明朝中期名将、诗人。他博学能文,长诗善赋,作诗、词、赋、文数百篇。

说起这个王越,他也是一个奇人,本是文官出身,却喜欢带兵打仗。在明代顾其言的《皇明百将列传评林》及黄道周所著的《广名将传》中,王越均位列其中。在土木堡之变后,为了报复蒙古人,明朝积极地开展反攻,王越就是反攻的主要领导人。也正是在他的领导下,明军取得了一系列胜利,让蒙古人安分了几十年。

王越生于明宣宗宣德元年(1426年),少年时有感于两宋之亡、外族入侵之恨,时常愤懑于胸,所以苦读兵书,希望有所作为。他身材修长,力大而善射,涉猎书史,颇有谋略。

明代宗景泰元年(1450年),王越参加顺天府乡试,中第三名。第二年,参加会试,登进士第。相传,在他考试时,发生了一件令人瞠目结舌的事情。什么事情呢?突然生起的大风卷走了他的试卷,宫人四处找寻试卷,均无所获。王越只能重新作答。这件事虽可以称"奇",却远不到"怪"的程度,人们对此也只是一笑而过。谁承想一年以后,这件事又摆在了人们面前,并且引起了轩然大波。第二年,藩属国朝鲜使臣进宫向明朝进贡,竟将王越的原试卷带回。使者称该试卷是朝鲜国王因缘际会捡到的,特地奉还。一场大风将王越的试卷带到了千里之外的藩属国,一时间王越"扶摇直上,封侯万里"的说法被传得沸沸扬扬。

王越中进士后被授予浙江道监察御史,累官右副都御史、巡抚大同。明宪宗时,他官至兵部尚书,总制大同及延绥甘宁军务,以功封威宁伯,为明代因功封爵的三位文臣之一,世称"王威宁"。

王越巡抚大同时,修甲练兵,减课劝商,颇立功绩。明宪宗成化三年(1467年),随抚宁侯朱永伐毛里孩,并两次击败鞑靼的入侵。成化五年(1469年),鞑靼侵犯河套地区,王越率军将其击退。第二年,延绥告急,王越命许宁等将其击退。三月,王越与朱永于开荒川打败阿罗出。成化七年(1471年),鞑靼军再次入寇怀远等诸堡,王越等将其击退。成化九年(1473年),王越与宁晋伯刘聚在温天岭击败鞑靼军。同年九月,满都鲁汗及孛罗忽、癿加思兰留妻子老弱于红盐池大举深入,直抵秦州、安定。王越乘

满都鲁汗等大举深入之机,率骑兵袭击鞑靼老弱所在的红盐池,斩首三百五十五级。在此役后,满都鲁等不敢再居河套地区,西陲从此数年安定。

成化十六年(1480年)二月,王越与权宦汪直率精骑袭击鞑靼所在的威宁海,获大胜,斩首四百三十七级。次年二月,鞑靼入境剽掠,王越于黑石崖追败鞑靼,斩首一百十三级。成化十八年(1482年)六月,鞑靼入寇延绥等处,王越与汪直调兵援助。鞑靼被明军冲散,为城墙壕沟所困,遭遇大败。明孝宗弘治十年(1497年),鞑靼小王子屡次扰边,王越总制三边,奉命征讨。第二年,他于贺兰山大破鞑靼,斩首四十二级。八月,又负责经略哈密事宜,王越针对吐鲁番击破哈密的形势,建议恢复先前被掳的哈密王陕巴爵位,于是明孝宗复封陕巴为忠顺王。

王越得胜之后,恰逢宦官李广得罪自杀,谏官连续上章弹劾,指责王越是李广的同党。虽然明孝宗对这件事不加过问,但是王越听说后,内心忧恨交加而患病,最终于弘治十一年(1498年)十二月一日在甘州病逝,享年七十三岁。

明孝宗闻讯后,为其辍朝一日,追赠太傅,谥号"襄敏",并谕令祭九坛,荫补其孙王烜为国子生。朝廷还专门委派刚刚考中进士的王守仁负责督造王越的坟墓。

王越这样一个文官出身的杰出武将,对于痴迷军事又同是文官的王守仁来说,实在是作为偶像的不二人选。能给自己的偶像修建灵魂的家园,实在是一件荣耀的事情。

王守仁受命后欣喜不已。更让他兴奋的是在这工作过程中,自己将指挥数百民工。他生平第一次指挥这么多人,心中的愉悦难以言表。别的文官出差是坐轿,他偏偏骑一匹高头大马,威风凛凛地出发了。

可是,有一天,马在山路险要处受到了惊吓,把他摔了下来。随从见他口吐鲜血,非常惊恐,请求他改乘轿子,他却坚持继续骑马,并说自己这是在练习骑马的技术。

监督修建坟墓实在算不上是个什么大事,但王守仁不仅认真对待,还别出心裁,用来实验兵法。他根据兵法,把造坟民工当士兵,将他们按"什伍之法"组织起来,用训练士兵的方法来安排他们轮番休息、协同工作。

于是,这些民工,工作的时候修墓,休息的时候还要参加军事训练。而且王守仁训练科目可不简单,他训练这群民工演练诸葛武侯的"八卦阵"。没想到,结果竟然事半功倍,工作效率大大提高,造坟工程高效完成,使王越的家人非常满意。

修好坟墓后,王越的家人给王明阳送了一笔钱表示感谢。王明阳坚决不收,他说:"我非常荣幸地为王越大人修此陵墓,而且我已经领了朝廷俸禄。如果我收您的钱,就不利于自身的廉洁了。"

王越家人总想给王守仁送些礼物,于是把王越将军生前所佩戴的宝剑送给了王明阳。据说,王守仁小时候做了一个梦,梦到王越把征战多年并屡建功勋所用的宝剑赠予了自己。而现在,王越家人竟真的将王越所用的佩剑赠予了他,不禁令人惊叹此乃"生死之交"。

任务完成后,这批参与修墓的民工已经升级为民兵。后来,据王守仁自己说,如果把这些民工扔到战场,绝对可以以一当

十。不过,这群民兵的战斗力没有得到实践检验的机会,就像王守仁也没有得到展现才华的机会一样。

在给偶像修好了坟墓之后,王守仁被授予刑部主事的职务,其职责是复查案件、调阅案卷。这种工作没有什么实权,也干不了什么实事,王守仁觉得很无趣。

王守仁本来对做官就没有多少兴趣,官场的无聊更令他感觉浪费生命,难以忍受,于是他干脆告病回到了家乡余姚,下功夫修炼道教养生术和佛教禅宗去了。

公务闲暇访名山

明孝宗弘治十五年(1502年)初春,王守仁以刑部清吏司主事的身份奉命审录江北的囚狱。工作完成后,他渡江南下,来到了安徽西南部的池州。池州,简称"池",别名秋浦,北与安庆隔江相望,南接黄山,西南与江西九江为邻,东和东北分别与芜湖、铜陵、宣城接壤。

王守仁无心于仕途,有心求仙问道,因此趁这次出差的机会顺便到池州游玩,并访问当地的高人异士。池州境内以九华山为中心,分布着大小上百个景点。从他所留存的诗作来看,他先游了齐山,后游了九华山。

漫步山间,如行画中,千丛怪石犹如天然盆景,令人惊叹大自然的神奇造化。王守仁饱览了齐山的清丽风貌,缅怀先贤,感慨万千,作《春日游齐山寺用杜牧之韵》诗两首。其中一首这样写道:

即看花发又花飞,空向花前叹式微。
自笑半生行脚过,何人未老乞身归?
江头鼓角翻春浪,云外旌旗闪落晖。
羡杀山中麋鹿伴,千金难买芰荷衣。

齐山的石壁峭岩上散布着众多摩崖石刻,其中当以包拯在寄隐岩所题的"齐山"两个字最为壮丽。王守仁也被寄隐岩的奇姿所陶醉,在这里写下了《游寄隐岩》一诗,诗中写道:

每逢山水地,便有卜居心。

终岁风尘里,何年沧海浔?

洞寒泉滴细,花暝石房深。

青壁留名姓,他时好共寻。

游过齐山,王守仁策马前行,经过五溪入九华山。拜佛求道是王守仁这次九华山之行的重要原因。

王守仁来到九华山下的五溪桥,登上新建不久的玩华亭,观赏了著名的五溪山色。五溪桥位于五溪口,横跨九华河,是进入九华山北大门的重要景观。玩华亭在五溪桥侧,于明孝宗弘治十四年(1501年)由都御史彭礼修建。

观过五溪山色之后,王守仁来到九华山麓的柯村,在柯秀才家暂且歇息。柯秀才名为柯崧林,字廷坚,又字钟秀,号云门。他娶罗氏夫人,生子三人:乔、烦、焌;续娶鲍氏夫人,生子五人:烨、荣、尚、美、石。其八位兄弟成家后分为西八房,成为莲玉柯西八房各个房头的始祖。

王守仁受到柯崧林及其夫人罗氏的热情接待。由于这次来到九华山时间较短,加上天气的原因,他没能留下多少诗篇,但为感激柯家的款待,仍留下了《九华山下宿柯秀才家》一诗。

王守仁听说不远处有"诗仙"李白咏唱的无相寺,于是他决定第二天拜访无相寺,并参观金沙泉。无相寺系九华山开山寺院之一,又名无相院,位于九华北麓头陀岭下,始建于隋朝。据《九华山志》记载,唐玄宗天宝七年(748年),新罗王子金地藏渡海来华,在此禅修三年,之后才入九华山隐修,修成正果。故有

"先有无相寺,后有九华山"之说。唐代诗人李白游九华山,曾夜宿无相寺,并题诗《宿无相寺》。寺旁曾经是唐代进士王季文的书堂,在唐懿宗咸通二年(861年)时,他捐献书堂,扩建无相寺。宋初寺庙香火鼎盛,规模很大,沿九华河两岸占地数百亩。北宋英宗治平元年(1064年)朝廷赐额"无相寺"。无相寺南端有金沙泉,泉水流量大,四时不竭。

王守仁对无相寺情有独钟。他一生寄情山水的诗有二百多首,写九华山的诗就有五十多首,其中有九首是关于无相寺的诗。其中《夜宿无相寺》中这样写道:

  春宵卧无相,月照五溪花。
  掬水洗双眼,披云看九华。
  岩头金佛国,树杪谪仙家。
  仿佛闻笙鹤,青天落绛霞。

诗中写王守仁在无相寺夜观九华山,对其充满了向往。他对并未见过的佛殿和李白曾经居住的地方展开了无尽的想象。在憧憬中,他甚至产生了幻听和幻觉,仿佛听到山顶传来笙响鹤鸣的仙音,见到清朗的天幕上垂挂着绚丽的红霞。当然,这只是诗化的想象,清夜何来红霞呢?

在无相寺休息后,王守仁又顺道游览了二圣殿。二圣殿始建于唐代,又名二神殿、九华庙,位于九都河东岸二圣村境内。龙潭溪从东南向北流,绕寺而过。

游过二圣殿,王守仁沿着羊肠小道进山涉险寻幽,探奇览胜。他缘山登高,在半宵亭小憩后,又来到望江亭,攀登千仞苍

壁，俯观龙池飞瀑。

看过龙池瀑布后，天色已晚，他决定在万山丛中的化城寺住宿。化城寺是九华山的开山主寺，是地藏菩萨道场，又名地藏寺。

王守仁来到化城寺后，天气突变，雾锁群峰。他在吟化城寺的诗中描写了当时的景况。诗中写道：

> 化城高住万山深，楼阁凭空上界侵。
> 天外清风度明月，人间微雨结浮阴。
> 钵龙降处云生座，岩虎归时风满林。
> 最爱山僧能好事，夜堂灯火伴孤吟。

由于天气不好，不能远游，王守仁只好在寺中住了下来。没想到，他在这里一住就是十天，在他离开的时候天气也没有好转。没有能够欣赏到更多的美景，他心中不免有些遗憾。后来，他在《九华歌并序》中回忆当时的情景时这样说：

> 昔年十日九华住，云雾终旬竟不开。
> 有如昏夜入室藏，两目无睹成空回。

因为不能出门登山，王守仁只得寻僧访友。在化城寺西侧的长生庵有位叫实庵的和尚，生得仪表堂堂，能诗善画，学识渊博。王守仁同他一见如故，两人谈得十分投机。

有一天，实庵和尚见王守仁诗兴勃发，到处题写，便向他请求赐诗一首。王守仁欣然同意，略加思索，就按照实庵和尚的模样、性格写下了一首散曲式的"诗"：

> 从来不见光闪闪气象,
> 也不知圆陀陀模样;
> 翠竹黄花,说什么蓬莱方丈。
> 看那九华山地藏王,好儿孙,又生个实庵和尚。
> 噫!那些妙处,丹青莫状!

该"诗"文字生动俏皮,展现了王守仁与实庵的真挚情谊。实庵和尚既不是九华高僧,也没有什么诗论著述。可是凭王守仁的赠"诗",名不见经传的实庵和尚,后来竟名重禅林,引起无数人的慕名来访。

有一次,王守仁听说在九华山东崖峰的地藏洞住着一位云游而来的苦行僧。这个僧人和其他僧人不同,他常年住在山洞里,从来不下山。据说,他整天卧睡在石床上既不说话,也不吃饭,身上长满了毛,应该是成佛了。

很多人都很好奇,想前往请教。可僧人修行的地方,极其隐秘,人迹罕至。据当地人说,要去地藏洞,根本没路可走,唯一的办法就是爬悬崖。因此,欲请教的人一般不敢前往,能跋山涉险找到此僧的人确是凤毛麟角。

王守仁听到这些,心里来了劲,决定冒险去拜访这位僧人。僧人选那样的地方修行就是为了屏蔽他人的干扰,可王守仁哪是个轻易放弃的人?他觉得,再难走的路只要有人去过,自己一定也能上得去。

一开始,山路还是好走的。快到山顶的时候,必须徒手爬悬崖。山崖陡峭,山岩险峻,若稍有不慎,人就有坠落深谷的危险。这真是无限风光在险峰啊!王守仁豁出去了,在深呼吸之后开始努力攀岩。他扶着山壁,拉着树,贴着悬崖小心翼翼地向上爬。

当爬到山顶的时候，他两腿一虚，坐倒在地上。这样的运动量，对于他来说是前所未有的。好一阵子，他才缓过来。费了九牛二虎之力，他终于找到了地藏洞。走进洞里，他发现这位僧人真的在酣睡。

遇到这种情况，读书人大概都会仿效"程门立雪"，学习杨时的尊师之道。王守仁也是儒家弟子，还研究过理学，对于"程门立雪"的典故肯定是烂熟于心。可他却没有按套路出牌，不但没有在原地等待，反而主动坐在僧人旁边。

没穿鞋的僧人的一双脚很是粗糙，破了几个口子。王守仁心中疼惜，情不自禁地用手轻轻抚摸，好像这样就可以让脚伤愈合一样。过了一会儿，僧人醒了过来，冷不丁地发现有人在自己身边，而且还捧着自己的脚，着实吓了一跳。

僧人问王守仁："来路这么危险，你怎么到这里的呢？"

王守仁说："想要向您请教，晚辈不辞辛劳。"

僧人被王守仁的诚意打动了，便将自己几十年悟得的佛道要义传授给了王守仁。僧人学识渊博，很有见解。两人还谈到了儒家学说，以及对当时的主流宋明理学的看法。

王守仁很认同僧人的观点，与僧人热切交谈着，以至于天色暗下来都浑然不知。僧人担心王守仁因天色太暗不好下山，反复提醒他，王守仁才肯作罢。

王守仁临走之前，这位僧人突然又冒出一句话：周濂溪、程明道是儒家两个好秀才。周濂溪即周敦颐，字茂叔，号濂溪，是北宋著名哲学家，学术界公认的理学派开山鼻祖。程明道即程颢，字伯淳，学者称其"明道先生"，是北宋时期著名哲学家、教育家、诗人,理学的奠基者,"洛学"的代表人物。

对于这句话,王守仁有些丈二和尚摸不着头脑。因为读书人都知道这两个人是先贤大儒,他们当然是好秀才。可是这时天色已晚,王守仁不便多问,只好匆匆离开了地藏洞,向化城寺返回。

回到化城寺后,王守仁又想起了僧人告别时的那句话。他仔细琢磨一下,感觉僧人说这句话是有用意的。为什么僧人偏偏要说周敦颐、程颢是儒家两个好秀才呢?为什么不说朱熹是儒家的好秀才呢?为什么也没有说张载、邵雍、司马光是好秀才呢?王守仁思考了许久,也想不通其中缘故。于是他决定再上山一次,请教这位僧人。可是等他再次拜访地藏洞的时候,却发现人去洞空了。这个问题只能留在心中了。

当时,在东崖峰麓还有一位行为怪异道人,人们只知他姓蔡,不知其名号,因其时常蓬头垢面,故人呼蔡蓬头。此人善谈神仙道术,可能是道家人物。

王守仁得知九华山有此人,自然很高兴。第二天,他一路打听,才找到这位神秘的道士。这位道士虽然衣衫褴褛,全身脏兮兮的,看上去像个乞丐,但神情颇怡然自得。

王守仁凭直觉判断这位道士定是个非同一般的人物。他大大方方地走上前去,恭恭敬敬地问好,并且说明自己是远道慕名而来,向其求教仙道之术。

可是,当王守仁说明来意之后,蔡蓬头过了好久才从嘴里蹦出一个词:"尚未"。

王守仁听后一脸蒙相,"尚未"是什么意思?他心想:是不是自己身边人多,道长不方便讲透。

过了一会儿,王守仁单独把蔡蓬头请到后屋,对着他拜了又拜,再次真诚地向其请教仙道之术。可是蔡蓬头的态度依旧很冷淡,还是从口中挤出两个字:"尚未"。王守仁依旧一头雾水。他来九华山就是为了求仙访道,好不容易找到一位得道高人,他哪里肯轻易罢休,所以就继续恳求道士。

蔡蓬头被王守仁问烦了,于是开口说道:"你虽待我以隆重礼遇,但并未忘记做官。"说完这句话,蔡蓬头招呼也不打就走了,只留下王守仁一个人在原地发呆。

九华山之行,对于王守仁而言,虽然没有完全达到自己的预期,但多少有些收获。同蔡蓬头和僧人的交谈,或深或浅地影响了王守仁日后的人生方向。

走出九华山,王守仁又南下徽州府,游览了休宁的白岳。白岳位于徽州休宁县西,与黄山南北相望,风景绮丽,素有"黄山白岳甲江南"之誉。

王守仁在这个时期钟情仙道,于是到山中游览。在齐云岩,他诗兴大发,赋诗《云岩》一首:

> 岩高极云表,溪环疑磬折。
> 壁立香炉峰,正对黄金阙。
> 钟声天门开,笛吹岩石裂。
> 掀髯发长啸,满空飞玉屑。

游过白岳,王守仁东归,经太平府芜湖绕道龙山拜访同僚李贡。李贡,字惟正,号舫斋,南直隶芜湖县人,明宪宗成化二十年(1484年)进士,授予户部主事,后升任刑部员外郎。

正月十三日，王守仁登门拜访李贡，可并未得见，于是留下一只羊作为礼物，并写下了留言交给李贡的侄子，然后他闷闷不乐地继续赶路。路过当涂，他趁着月色登临太白楼，体验李白逍遥的情趣。

二月，王守仁来到镇江府，遇到了新同事汤礼敬。汤礼敬是南京镇江府丹徒县人，明孝宗弘治九年（1496年）丙辰科第三甲第六十六名同进士出身，原来的职务是行人司的行人，弘治十五年升为刑科给事中，成为王守仁的同事。

汤礼敬喜欢神仙学问，说到做功夫如何呼吸、如何运动、如何练气化神时便头头是道。他听说王守仁刚从九华山回来要去茅山继续探访，立即决定和他结伴前往。

茅山原名句曲山，位于江苏西南部，常州西部。山虽不高，但风景秀丽，景色宜人，素有九峰、十八泉、二十六洞、二十八池之胜景。

茅山以道教圣地而著称，既是道教上清派的发源地，又是道教上清、正一、全真多派共修共存之地。道教有十大洞天、三十六小洞天和七十二福地，茅山是"第一福地，第八洞天"，享有"秦汉神仙府，梁唐宰相家"的美誉。

王守仁和汤礼敬两个人一路游山玩水，谈仙论道，不久之后就来到了茅山。茅山的风景深深地吸引了他们，王守仁在诗中详细地描写了山中的美景：

山雾沾衣润，溪风洒面凉。
鲜花凝雨碧，松粉落春黄。

对于茅山的神奇,王守仁由衷地称赞说:

灵峭九千丈,穷跻亦未难。
江山无遁景,天地此奇观。

王守仁和汤礼敬一起探访了陶弘景隐居的洞窟,并遍山寻找有关陶弘景的遗迹。王守仁在茅山写的诗保存下来四首,其中有两首诗题写在茅山蓬莱方丈的墙壁上。其中一首诗云:

古剑时闻吼,遗丹尚有光。
短才惭宋玉,何敢赋高唐。

这一年,汤礼敬五十九岁,六年前才考中进士,被任命为正八品的行人。行人就是替朝廷跑腿的信使。在这个年纪干这个活儿,他的心情可想而知。说到陶弘景,汤礼敬便感慨红尘的污浊,羡慕和向往陶弘景的生活。

年仅二十九岁的王守仁已经是正六品主事,并小有名气。虽然他也羡慕陶弘景即使身居深山,也能够吸引梁武帝多次派人来咨询国事的本事,但是想到陶弘景是在建功立业后才进山,而自己寸功未立便入山同草木一起腐朽,他心有不甘。

汤礼敬想要早日脱离尘世、进山修行。王守仁对于他的想法表示了否定。汤礼敬便问其原因。王守仁微微一笑,说:"你两眉之间隐含凄然之色,这是愤世妒俗和忧国忧民的表征呀!"不过,王守仁也还没有忘记做官,这从他写的《游茅山》一诗中也可以看出来。诗中这样写道:

海月迎峰白,溪风振叶寒。

夜深凌绝峤,翘首望长安。

从诗中可以看出,王守仁这个时候的心思还在朝堂之上。因此,他离开茅山后就北上返京。可是时运不济,他到了扬州府地便旧病复发,而且病情非常严重,因此滞留了三个月。

王守仁回到北京只待了三个月,就向朝廷写了一份《乞养病疏》。皇帝批准后,他便回浙江老家养病了。王守仁这次回浙江老家入山静养,与他游历九华山和茅山有直接关系。其实他这次入山静养,一是养病,二是修道,将向和尚与道士学来的养生修道方法付诸实践。

到阳明洞天修炼

明孝宗弘治十五年(1502年),三十二岁的王守仁回到浙江老家养病。他在会稽山的阳明洞天旁边盖了间草舍,专心修炼道家的养生之法。

会稽山位于浙江绍兴北部平原南部,主峰在嵊州西北。三过家门而不入的上古治水英雄大禹的人生中的四件大事——封禅、娶亲、计功、归葬都发生在会稽山。

春秋战国时期,会稽山一直是越国军事上的腹地堡垒。秦始皇统一中国后不久就"上会稽,祭大禹",对这座兼有"天子之气"和"王霸之气"的会稽山表达敬意。

汉代以后,会稽山成为佛道胜地。香炉峰寺院毗连,宝塔高耸,是佛事活动的主要场所。宛委山和若耶溪是道教圣地。宛委山的阳明洞天在道教"三十六小洞天"中居十位,若耶溪在道教"七十二福地"中居第十七位。

宛委山又名石匮山、石箦山,也名玉笥山。其主峰从谷底平地拔起,直冲霄汉,恰似天柱壁立,十分壮观,因此称为天柱峰。宛委山重峦叠嶂,阴晴变化无常,因此绍兴素有"晴禹祠,雨龙瑞"之说。"龙瑞"即指宛委山。

宛委山的阳明洞天早在唐代就存在了。"阳明"在道教中指东方青帝,即太阳神。因为阳明洞天在宛委山,又称会稽洞天或宛委洞天。唐代诗人贺知章的《龙瑞宫记》中这样记载:

洞天第十，本名天帝阳明紫府，一真仙会处。

唐代诗人白居易有《和微之春日投简阳明洞天五十韵》：

耶溪岸回合，禹庙径盘纡。
洞穴何因凿，星槎谁与刳。
石凹仙药臼，峰峭佛香炉。
去为投金简，来因挈玉壶。

宋人戴表元《游阳明洞》诗云：

禹穴苍茫不可探，人传灵笈锁烟岚。
初晴鹤点青边嶂，欲雨龙移黑处潭。
北斗斋坛天寂寂，东风仙洞草毵毵。
堪怜尹叟非关吏，犹向江南逐老聃。

阳明洞天，虽名为洞，实为群山回抱的山谷。相传大禹在这里得黄帝"金简玉字书"而识山河体势，穷百川之理，终于治平洪水。治水完毕，大禹将书藏于仅有一线缝隙的洞中。自司马迁"上会稽，探禹穴"以后，来此寻访禹穴甚至隐居的名人越来越多。

王守仁就在禹穴旁结庐休养，经过一段时间的打坐和练习气功，他渐渐地有了些神秘的体验。在一片平静中，他觉得自己的躯体如同水晶一样透明。那种忘却自我，忘却天地的感觉简直妙不可言。

从这时起，王守仁开始自号"阳明子""阳明山人"，后人也便以王阳明、阳明先生来称呼他。

据说，王阳明在阳明洞天修炼久了，竟然有了未卜先知的能力。有一天，他预知有四个朋友来看望他，就叫仆人去路口迎接

他们。果然如他所料,四个朋友真的来了。朋友们都以为他已经得道,希望王阳明把所学的道术教给他们。这时的王阳明却对道术有了新的看法,他说:"道术仅是浪费精神罢了,并不是真正的学问,对人生并没有大的益处,还是不学为好。我也打算不再学习道术了,我劝你们也不必学。"

第二年,王阳明又搬到杭州西湖养病,经常在南屏寺、虎跑寺这些地方转悠。在这段时间内,他认真学习了佛教、禅宗的知识。经过一段时间的修炼,他有了一些心得。

有一天,王阳明突然想起自己的祖母。因为他的祖母已经是七八十岁的老人了,身体又不大好,所以当他想到祖母的时候,心中有点伤感。伤感过后,他又想:自己已经修炼了这么久,有了这么高的境界,为什么还对祖母这么牵挂呢?想到这里,王阳明突然明白了。孝是人的天性啊!如果为了修佛,连孝的念头都摒弃,那么人就失去了天性,就不是人了。所以,人修炼这些又有什么用呢?从此,他毅然地放弃了学佛修道的事情。

佛道的精神并没有在王阳明的生活中完全消失,因为这些已经深深地印在了他的心中。明孝宗弘治十七年(1504年),王阳明改任兵部武选清吏司主事,他回忆起故园的山水胜景,写下了著名的《忆龙泉山》。诗中写道:

> 我爱龙泉寺,寺僧颇疏野。
>
> 尽日坐井栏,有时卧松下。
>
> 一夕别山云,三年走车马。

愧杀岩下泉,朝夕自清泻。

在诗中,王阳明以一个"爱"字直抒胸臆,表达了对故土按捺不住的激情,其恋乡之情溢于言表。然而诗人并没有仅仅停留在对往事的回忆之中,后四句诗将笔锋一转,"一夕别山云,三年走车马"流露出对宦海的厌倦之意,反衬出王阳明心系故园的真挚情感。龙泉的"清泻"蕴含了诗人对"自清"审美理想的追求,同时也反映出他对佛门圣地特别的情感。

在山东主持乡试

明孝宗弘治十七年(1504年),王阳明已经三十二岁。他身体康复后又回到北京,继续在刑部任主事。这一年秋天,山东巡按监察御史陆偁聘请他出任山东乡试主考官。

明朝开国之初,乡试主考官不限职务级别,由地方聘用。其后三四十年,设一专职担当主考官,但实行效果不好,于是便又恢复了以前的做法。王阳明的诗文在京城颇有名气,而且和陆偁是同乡,因此得到了这次主持山东乡试的机会。

山东是中国文化的源头和中华民族的重要发祥地之一,素有"孔孟之乡""礼仪之邦"的美誉。其境内自然风光秀丽,文物古迹众多。王阳明在主持乡试时不仅可以借机游览山东境内的名山大川,还能实地体验一下孔圣人家乡的文化氛围。

王阳明在《山东乡试录后序》中说道:

> 夫山东天下之巨藩也,南峙泰岱,为五岳之宗,东汇沧海,会百川之流;吾夫子以道德之师,钟灵毓秀,挺生于数千载之上,是皆穷天地,亘古今,超然而独盛焉者也。

王阳明在大喜之余又感到责任重大。乡试是为国求才,如果心有不尽,这是不忠;如果尽心尽力,但没有得到真才实学的人,就是失职。因此,他非常重视这次机会,手录全部试题与陈文。

王阳明出的第一道题来自《四书》:"大臣者以道事君,不可则止。"这是孔孟思想的精华,要求臣子以忠诚之心对待君主,开启君王的善心,讲仁义之言,坚持道义。臣子不能为讨君王欢心,丧失原则,阿谀逢迎。如果君王言行有不妥之处,大臣一定要指出来帮助君王改正过失。如果君王不听劝告,即使大臣俸禄再多,也应辞职,以立其节,以全其守。

这个题目是针对当时的士人品节普遍滑坡的现实,想重建"以道事君"的士人原则。"不可则止"体现着高贵的不合作精神,是士人保持道统的下限做法。这样的做法才能杜绝为了升官而无所不用其极的无耻行径。明代士人追逐权力、奔走权门的风气日盛,王阳明痛感此风必须遏止,否则不但士将不士,而且国将不国。

从题目可以看出,这时王阳明的心中已经有了心学的种子:我只对自己的"心"俯首听命。但是,王阳明还是希望所有的臣子以道侍君的同时能被君主关注。因为"不可则止"听上去很潇洒,但是对于有着强烈责任感的人而言却是痛苦的。

王阳明出的第二道题目是《中庸》中的"齐明盛服,非礼不动,所以修身也"。其意思是说,内心志向安静专一,就不会茫然错杂;心中明亮洁净,就不因私欲而蒙蔽。外表上要穿好礼服,表情穆然端严。内心精一,外表整齐,内外交养以修身。

王阳明出的第三道题目是《孟子》中的"禹思天下有溺者,由己溺之也;稷思天下有饥者,由己饥之也"。意思是说,大禹认为,如果水没有治好,使百姓的生命财产被水淹了,表面是水淹了百姓的生命财产,本质上是他自己没有尽到治水的责任而使

百姓受淹；后稷的职责是教老百姓种庄稼，如果百姓因为没有按时播种五谷而挨饿，表面看来是没有按时播种使百姓挨饿，本质上是后稷没有尽到教百姓播种的责任而使百姓挨饿。这充分体现了儒家"以天下为己任"的思想。儒家认为天下乃天下人之天下，君主只是来为百姓办事的"公务员"。

王阳明出的第四道题是《尚书·立政》中的"继自今立政，其勿以憸人，其惟吉士"。主要宣扬治国要"亲贤臣，远小人。去小人而勿任，任贤臣而勿疑"。小人往往行为虚伪，行事残忍，掩饰奸诈。因此要严防小人被重用，这样才能防止他们戕害老百姓，破坏国家大事或阻挠法令施行。贤臣恪守恒常的美德，施以利害不能使他们动心，往往坚持贞洁的操守，虽临大变而不动摇。任用贤臣才能使老百姓安宁，才能政治清明，令行禁止。

王阳明出的第五道题目是《诗经》中的"不遑启居，猃狁之故"。主要测试考生对国家兵备和兵役的认识。兵役不息是因为国家边患未息。国家采用兵役的主要目的是保家卫国，以防外敌入侵。但是国君采用兵役要适度合理，如果国君喜欢战争则国家必亡；如果国君忘记战争准备则国家必定危险。

王阳明出的第六道题目是《礼记》中的"君子慎其所以与人者"。主要测试考生对待人以礼与独处要慎的掌握。君子待人接物要恪守中庸之道，要做到无过与不及。

第七道题目是《礼记》中的"心好之，身必安之；君好之，民必欲之"。王阳明认为，君和民的关系，就像心和身体的关系。如果心喜欢好听的音乐，那么耳朵也必喜欢好听的音乐；如果心喜欢逸乐，那么四肢也必喜欢逸乐。君主一旦有所爱好，那么民也必定有此爱好。如君主好仁,则百姓必好仁;如君主好义,则百姓必好义;如君主好暴乱,那么百姓必好暴乱。

王阳明出的第八道题目是"论人君之心惟在所养"。他认为君主的内心如果用善良来培养,那么就会高远明亮,而且日渐智慧;如果用邪恶来培养,那么就会污秽下流,而且日渐愚钝。因此,君主要认真地培养自己的内心。天下没有一种不需要培养就能生存的事物。草木生长必须有雨露的滋养,才能枝繁叶茂;家禽家畜必须有人的精心呵护,才能健壮成长。以义理之学来培养君子的品德足以克服其私心杂念,正直的言论足以去除作恶的想法。人君之心不公则私,不正则邪,不善则恶。

从这几道题目的设置可以窥见王阳明的心思。王阳明认为当时天下的隐患主要是社会风气颓靡而当政者没有察觉。当时社会轻视忠信、廉洁、朴直、正直等优良品质,而对功名、官爵、个人利益等趋之若鹜。要使国家长治久安,首先要正社会风气,建立忠信、廉洁、朴直、正直的社会风气。天下的隐患存在的原因是法度不振,为君者贪图安逸,而为臣者贪玩懈怠。

当时政治昏聩的主要原因是思想之风不正。朝廷以荣华富贵鼓舞天下豪杰,却不对人才慎惜。如果心术不正、品德低下的小人获得荣华富贵,那么则让真正的豪杰之士心灰意冷。另一个弊端是选用人才太仓促,不能使人尽其才。对于边远偏僻的地方,应当挑选贤能之士去治理,如果委任庸劣之辈,则政事就会日益凋零。

王阳明充分利用这次当主考官的机会将自己认同的为君之

道、为臣之道、治国之道、用人之道、修身之道、边防之道进行了宣扬。并且亲自编撰了《山东乡试录》和两篇序言，这些内容表现了他作为一名儒学家的远大志向。他所出试题、陈文和两篇序言针对明王朝的现状，全面系统地阐发了儒家的治国之道，是王阳明思想探索过程的重要路标。

这次主考山东乡试的经历使得王阳明将其出仕之后的治国理想、对各种社会问题的分析及"心体"主宰作用的观点，做了较为系统的集中阐释。

山东乡试主考官是王阳明仕途生涯的重要一站。《山东乡试录》及两篇序可以说是王阳明前期思想的一次总结，为后来的龙场悟道，开启阳明心学打下了坚实的基础。

主持山东乡试期间，王阳明利用空闲拜谒了孔庙。孔庙又称"阙里至圣庙"，与相邻的孔府、城北的孔林合称"三孔"。它是一组具有东方建筑特色、规模宏大、气势雄伟的古代建筑群。孔庙是儒学崇拜的圣地，是古代祭孔活动的举行场所，同时也是传承孔子思想、进行文化教育传播的学校。它最初是由孔子的弟子为表其对恩师的敬仰而改孔子旧居为庙。

乡试结束，王阳明又游历了泰山，并作诗题词留念。泰山又名岱山、岱宗、岱岳、东岳、泰岳，位于山东中部，气势雄伟磅礴，有"五岳之首""五岳之长""五岳之尊""天下第一山"之称。道教、佛教视泰山为"仙山佛国"，在泰山建造了大量宫观寺庙。泰山被古人视为"直通帝座"的天堂，成为百姓崇拜、帝王告祭的神山。各朝历代均有"泰山安，四海皆安"的说法。自秦始皇开始，许多帝王亲登泰山封禅或祭祀。

游览泰山期间,王阳明写下六首有关泰山的诗章,抒发了对山水自然的热爱、仙释之道的向往之情,寄托了追求成为圣贤的迫切心情。在夕阳西下时分看到海天一色、丹霞飘飞的泰山,王阳明油然而生"肋生双翼,羽化登仙"的别样情怀,他在诗中写道:

> 晓登泰山道,行行入烟霏。
>
> 阳光散岩壑,秋容淡相辉。
>
> 云梯挂青壁,仰见蛛丝微。
>
> 长风吹海色,飘遥送天衣。
>
> 峰顶动笙乐,青童两相依。
>
> 振衣将往从,凌云忽高飞。
>
> 挥手若相待,丹霞闪余晖。
>
> 凡躯无健羽,怅望未能归。

王阳明又在《泰山高次王内翰司献韵》的诗中"嗟予瞻眺门墙外,何能仿佛窥室堂?也来攀附撮遗迹,三千之下,不知亦许再拜占末行"将他无限渴望登堂入室,进入孔圣之门,但又找不到门径的困惑表达得一览无余。

因上书被捕入狱

明孝宗弘治十七年(1504年)九月,王阳明被重新委派职务,调任为兵部武选清吏司主管,他不得不从山东返回北京就任。

从山东返回北京后,王阳明开始以实际行动宣扬圣贤之学。当时的学者都喜爱陈腔滥调的复古文潮,根本就不知道经国利民的实用之学为何物。王阳明在此时带头讲学,主张通过身心之学使人树立圣人之志。当时因为王阳明的名声有限,而且刚刚开始讲学,其学生不多。只要有向他求学拜师的人,他便广开门户进行收纳。为了使门生树立远大的志向,他不断地举办讲座。

这时的学界士子们还普遍沉浸在科举考试的应试教育之中,对身心学无所属意。因此,王阳明与众不同的行为招致了同僚们的非议,说他以此博取名声。只有翰林庶吉士湛若水与他来往频繁,对其支持,成了他一生的好友。

湛若水,字元明,号甘泉,广东增城人。明代哲学家、教育家、书法家。他天生形貌奇异,额头有两块隆起的骨头,耳朵旁边有黑痣,左七右六,就像两个斗。传说因为湛若水的妈妈陈氏在增城东洲西岭下一个叫甘泉洞的洞里向神祈祷,湛若水才降生,所以后来他自号甘泉子,被人称为甘泉先生,创建的学派便叫甘泉学派。

虽然湛若水的出生具有传奇色彩,但他因为家道中落,十四岁开始入学,十六岁才进入了广州府庠学习。他在科考场上不顺,在二十七岁的时候才考中了举人,离进士还遥遥无期。在旁人看来,湛若水这辈子都不会有大发展了。但一个人改变了他的人生,这个人就是当时的理学大师陈献章。

陈献章是明代思想家、教育家、书法家、诗人,岭南学派的创始人。他是广东唯一一位祭祀过孔庙的明代大儒。他以"宗自然""贵自得"的思想体系打破程朱理学沉闷和僵化的模式,开启明朝心学先河,在宋明理学史上是一个承前启后、转变风气的关键人物。

湛若水在二十九岁时前往江门拜陈献章为师,他斋戒了三天,才敢开口向老师求教。湛若水第一次报名参加会试时,陈献章对他说:"你如果不放弃全部的功名利禄之心,终难有所成就。"湛若水毫不迟疑地把考试证件当场烧毁,以示自绝于科举的决心。短短的五年时间,他的学问就突飞猛进。于是,陈献章决定将衣钵传给他。为了传位,陈献章还专门写了首诗《赠江门钓台诗》。一年后,陈献章去世,湛若水还真在自己家乡增城新塘江畔建了一座钓台,过起了隐居生活。

湛若水本来决定不参加科举,发誓不进入仕途了。但是,母亲陈氏和当时的广州府官员徐弦都劝他,说他正处壮年,老待在家里不像回事,不如出道侍君啊! 于是,三十九岁的湛若水遵循母命北上考试,受到国子监祭酒的赏识,留读于南京国子监。第二年他去北京会考,最终他列为第二名,被赐进士出身,被选为翰林院庶吉士,擢升为翰林院编修。之后,他结识了人生中最重要的朋友王阳明。两人惺惺相惜,一见面就成为至交。

王阳明比湛若水小六岁,可是他已经声名鹊起,而且很清高,可以说目空千古。然而他对湛若水却给予了极高的评价:"我遍求朋友于天下,三十年来,从未见到这样出色的人。"

湛若水则回赞说:"我走遍了各地,也没有见到过这样的奇人。我与阳明先生有着共同的志向,将来如果有人为我们作传,一定会给我们写一个合传。"

王阳明和湛若水两个人有着共同的理想,相学互问,交往很深,并最终结成莫逆之交。他们终日兴致勃勃地探讨圣学之事,约定一起将儒学真传发扬光大。可是,就在两位好朋友在京师互相应和、其乐融融并准备为弘扬儒学大干一场的时候,天下却变了。

弘治十八年(1505年),明孝宗朱祐樘去世了,他的儿子朱厚照即位。小太监刘瑾的机会也终于来了。因为在朱厚照当太子时,刘瑾就是他最好的玩伴,这两人几乎形影不离。

刘瑾本姓谈,出生于陕西一个贫苦之家,他在六岁那年不知跟着何人流浪到了北京,被宫中一姓刘的太监收养了,他便改名叫刘瑾。这是一个天生机灵古怪、一肚子鬼心眼、善于察言观色、猜度他人、并利用机会讨好有权有势者以达到自己需求的家伙。

当刘瑾看到不爱读书、整日到处闲逛的朱厚照时,他心里非常清楚,只要自己能够哄住这个爱玩的太子,满足他的一切要求,自己就能得到想要的一切。

就这样,在朱厚照继承皇位以后,刘瑾很快博得了朱厚照的绝对信任。对于一个少年皇帝来讲,整天面对训斥自己的那些朝中老臣,百依百顺还陪他玩耍的太监更合自己的心意。于是,朱厚照便将大权给了刘瑾,还允许刘瑾一派的太监参与朝政。

刘瑾非常清楚,如果自己想长期地掌握大权,必须拉拢几个大臣。当时朝中的一些老臣自然是不买他的账。经过长期的观察,他便找到吏部侍郎焦芳,从此以后两人就开始狼狈为奸。

在当时,刘瑾还与七名太监结派成党,沆瀣一气,时称"八虎"。自从刘瑾掌管司礼监以后,每当朝臣有什么事要向朱厚照汇报时,刘瑾总是先打听好朱厚照在干什么,选朱厚照玩得高兴时跑去汇报。朱厚照当然很恼火,挥手要他快走:"这些事用得着告诉我吗?你是在跟我捣乱?你自己处理不就可以了吗?"

这样一来,正遂了刘瑾的意愿。从此以后,他有事就自行处理,而不向朱厚照汇报了。没过多久,司礼监这个宫廷办事机构逐渐变成了专掌机密、批阅奏章的最高权力部门,连法定职权最重的内阁首辅,也必须听从司礼监的。

明孝宗死前,他曾经为朱厚照找了刘健、谢迁与李东阳三个辅政大臣,要求这三位德高望重者好好管教小皇帝,以保朱家的大明江山顺利延续下去。

刘瑾的行动终于引起了文官集团的警觉,刘健、谢迁、李东阳三位"顾命大臣"和一些刚正廉洁的大臣不顾身家性命,联名上书请求严惩"八虎"。

武宗皇帝刚刚即位,还缺乏驾驭群臣的能力,见到如此声势浩大的进谏,有些坚持不住,想与群臣妥协,除掉"八虎"。但是就在这时,刘瑾在皇帝面前的哭诉使武宗的心又软了下来。

第二天,明武宗惩治了首先进谏的大臣。谢迁、刘健以告老还乡相威胁,却被武宗欣然地批准了。由此,刘健、谢迁两位老臣

被迫辞职回家养老了,李东阳虽然还在朝中,但是已经失势了。

三位大臣没有做成的事自有继承者来进行。先是京城中的言官上疏乞留两位内阁大臣,武宗将这些上疏的官员统统赶出了京城,削职为民。

接着,南京的言官也上疏进谏,弹劾刘瑾,为刘谢李三位打抱不平。武宗命人将他们全部押解到京,各廷杖三十。南京户科给事中戴铣当场死于杖下。

南京御史蒋钦不服软,三天后,他单独再上疏,又被罚刑杖三十,并被逮捕入狱。又过了三天,他第三次上疏,再次被罚刑杖三十,最终死于狱中。

言官们为什么敢于一再上书呢？在古代的朝堂上有一些特别的规矩是历代皆遵循的。古代的监察官员总体上属于言官,言官的主要任务就是批评、谏言,他们可以批评朝政,可以监督官员。在一些特别情况之下,言官甚至可以闻风奏事。所谓闻风奏事就是言官未必掌握了某些官员贪赃枉法的真凭实据,只是听说了传言,依然可以上报。紧接着朝廷派钦差去查,一查果真如此,那就将被检举人抓起来。如果查不属实会不会把上奏的言官抓起来治罪呢？自古以来的规矩是不会处置言官的,因为是监督官员的行为是他们的职责。

可是在此时,进谏的言官们却纷纷成了阶下囚,谁还敢发言进谏呢？一时间朝里朝外,人人噤若寒蝉。就是在这样人人沉默不语的危险时刻,王阳明却勇敢地站了出来。

王阳明的职务不过是小小的兵部主事,在兵部的属官中是最低一级。论官阶、论职责,他都可以不言语,明哲保身。他是一个十分聪明的人,可以说是在当时甚至整个中国历史上都很少有人能与之相比。

这样一个明白人,他不会不清楚刘瑾的权势及他上书后的险恶处境。他身在京城,也完全知道刘健、谢迁、李东阳等人的下场。可是,就是在这样的情势下,他还是不顾个人安危,勇敢上书。这在一般人看来不是十足的愚蠢表现吗?是的,只顾自己利益的人是难以理解具有大抱负、大胸怀、大情操的王阳明的做法。

王阳明的哲学思想中最重要的观点就是"知行合一"和"致良知"。对败坏朝政的大坏人,若无动于衷,胆小怕事而不敢揭露和不敢斗争,那就是违背了自己的良知,一生将陷入无边的痛苦境地。这样活着无聊且没有意义。

正是在这样的情况下,王阳明挺身而出,展现了"虽千万人,吾往矣"的大无畏的英雄主义精神,这也是他用自己的实际行动来验证"知行合一"与"致良知"的理念。

王阳明上的是一道《乞宥言官去权奸以章圣德疏》,这是一篇委婉劝谏的奏章。其内容大意是:按照历来的规矩,言官是不能处死的,不能因言而得罪。如果把言官们给关起来了,将来谁还肯出来说话啊?

虽然王阳明说得较为含蓄婉转,没有直接为被处罚的官员们喊冤,但是明眼人一看就知道他是为三位大臣和南京方面的几位言官抱屈的,这就等于指责皇帝有眼无珠,不识忠臣且重用奸佞。况且兵部主事根本不是言官,没有进谏的职责,属于"妄言国事"。因此,武宗皇帝立即把信转给了刘瑾,让其处理。刘瑾

大怒,心想哪来这么一个不知死活的家伙,竟然胆敢挑战自己的权威?

王阳明马上遭到了逮捕,并被关进了大牢。一般官员受罚,都是廷杖三十,而王阳明是罪加一等,罚廷杖四十。明朝的廷杖专门用来对付士大夫,专门用来羞辱政府官员。

然而廷杖也不只是羞辱人而已。执行廷杖的锦衣卫打你二十杖就可以把你打残,也可以把你打死,也可以让你只伤皮肉,不伤筋骨,这里头名堂很多。

在武宗之前的廷杖是不需要被打人光着屁股的。如果明天执行廷杖,被打的人可以做一些预备,可以穿棉袄,也可以在身上裹一些厚衣服、毯子、棉絮等。但是从刘瑾掌权开始,被廷杖的人就不许裹这些东西了,必须光着屁股被打。所以,王阳明很可能就是第一个在午门外光屁股挨廷杖的人。经过这样残酷的刑罚和人格侮辱后,血肉模糊、人事不省的王阳明被扔进了锦衣卫的大狱。

王阳明的父亲王华当时任礼部左侍郎。有人劝他到刘瑾那里去为儿子求情,以保全王阳明的性命。刘瑾得知王阳明是王华之子,态度有所转变。早年他曾跟随王华的一个同乡学习书史,从那人处听得王华的忠孝仁义事迹,因此对王华十分佩服。王华教授东宫太子时,对刘瑾等宦官一视同仁,礼数周到,让刘瑾对王华印象非常好。因此,刘瑾派人传话:"我与先生是旧相识,如果您愿意主动跟我见面,就能立即入阁拜相。令郎不仅可以释免罪责,还可以升官任用。"

但是性格温和的人也有发怒的时候,这次王华愤怒了,他对别人说:"我儿为弹劾刘瑾而获罪,理直气壮。如果我上门求见刘瑾,我们父子会因此遗臭万年啊!"

不久,朝廷将王华赶出京城,外放南京任吏部尚书,职务明升暗降。明代有两套朝廷官员,京师一套,南京一套。由于皇帝在京师,京师的一套官员有职有权。虽然南京作为陪都,也是名义上的首都,但因为离皇帝远,官员基本上有职没权。

王华无奈地带着一家老小,去南京赴任。生活突然遭此变故,王阳明的妻子诸氏不知所措,但是她是刚强的女子,并没有长久地沉浸在痛苦之中。她担心王阳明的安危,冒着被株连的危险不断地向官府打听消息。

王阳明入狱后,居然活了过来。他拖着疼痛不堪的羸弱身子,一步一步爬到窗口,望着夜空那轮明月,不胜唏嘘。怀着极度悲愤的心情,他写下了一首《不寐》诗:

> 天寒岁云暮,冰雪关河迥。
> 幽室魍魉生,不寐知夜永。
> 惊风起林木,骤若波浪汹。
> 我心良匪石,讵为戚欣动。
> 滔滔眼前事,逝者去相踵。
> 崖穷犹可陟,水深犹可泳。
> 焉知非日月,胡为乱予衷?
> 深谷自逶迤,烟霞日悠永。
> 匪时在贤达,归哉盍耕垄!

王阳明在这首诗中感叹皇帝昏庸,鄙视小人得志。朝廷天

寒云暮,弄权小人当道,面对这种乌烟瘴气的政治环境,他充满了忧愤,甚至有了消极的想法,希望自己也能和《论语·微子篇》里的隐士长沮和桀溺一样,归隐山林,躬耕田园。

但是,这里是牢狱,想归隐也只能是想象,他需要面对眼前残酷的现实。这时,王阳明想到了《史记·太史公自序》中的一段话:

> 昔西伯拘羑里,演《周易》;孔子厄陈蔡,作《春秋》;屈原放逐,著《离骚》;左丘失明,厥有《国语》;孙子膑脚,而论《兵法》;不韦迁蜀,世传《吕览》;韩非囚秦,《说难》《孤愤》。《诗》三百篇,大抵圣贤发愤之所为作也。

大意是说,文王被拘禁在羑里时推演了《周易》;孔子在困穷的境遇中编写了《春秋》;屈原被流放后创作了《离骚》;左丘明失明后写出了《国语》;孙膑被砍去了膝盖骨,编著了《兵法》;吕不韦被贬放到蜀地,有《吕氏春秋》流传世上;韩非被囚禁在秦国,写下了《说难》《孤愤》;《诗经》三百篇,也大多是圣贤们为了抒发郁愤而写。

这些历代圣贤都是在经受磨难之后,其生命才焕发出异样的光彩。这些人物激发了王阳明为了人间道义而献身的豪情,他自己也坚定了想成为圣贤的信念。

此时正是严冬季节,天寒地冻,狂风劲吹,白雪飞舞。狱中的王阳明却不顾伤痛,学习起了周文王,日日捧着《周易》,遨游在哲学的海洋里,忘记了所有烦恼和忧患。他在《读易》一诗中这样写道:

囚居亦何事？省愆惧安饱。

瞑坐玩羲《易》，洗心见微奥。

乃知先天翁，画画有至教。

包蒙戒为寇，童牿事宜早。

蹇蹇匪为节，虩虩未违道。

《遁》四获我心，《蛊》上庸自保。

俯仰天地间，触目俱浩浩。

箪瓢有余乐，此意良匪矫。

幽哉阳明麓，可以忘吾老。

此诗前后可分两部分，前部分王阳明写自己囚居玩《易》，与圣人经典对话，反思当前处境；后部分他悟得精神自由，领会儒学乐境，描绘生活愿景。综观全诗，让人感受到了王阳明身上的乐观精神。

王阳明在监狱中演《周易》，实际上是他在特定条件之下，特定情景之中再次表现出来的必为圣人之志。他演《周易》，说明他坚信自己的圣人之志只不过是暂时受到了阻遏而已。

随着时光流逝，王阳明逐渐对未来产生了希望。他认为刘瑾已经大权在握，当朝重臣几乎都已驱逐。那么在这种情况下，刘瑾下一步应该会收买人心，而没必要进一步扩大宦官、文臣之间的冲突。所以，只要耐心等待，自己就会有出狱的机会。

在狱中，王阳明度过了新年。有一天晚上，月光从窗栏的缝隙照进牢内，他想起故土，不禁悲从中来。他在《见月》一诗中写道：

> 屋罅见明月，还见地上霜。
> 客子夜中起，旁皇涕沾裳。
> 匪为严霜苦，悲此明月光。
> 月光如流水，徘徊照高堂。
> 胡为此幽室，奄忽逾飞扬？
> 逝者不可及，来者犹可望。
> 盈虚有天运，叹息何能忘！

从诗中可以看出，王阳明一边悲叹自己的遭遇，一边依然对未来充满了希望。虽然他感慨人事变迁，但这无伤于他的儒家信念。对于未来，他抱以乐观的态度。

王阳明在狱中共写了十四首诗。从诗歌内容来看，虽然对艰苦的环境有所描述，但是总体上还是抒发了积极乐观的态度。他身居牢狱、生死堪忧，却能做到意志不倒、胸襟浩荡，的确让人钦佩。

就这样，王阳明在牢狱中度过了几个月。局势发展正如他所预料，刘瑾觉得局势已在控制之中，敢说话的人都被收拾干净，也可以对朝臣们松松手了。于是在过完大年之后，刘瑾决定把在押的官员们逐批放出大狱，给他们活命。

王阳明也被放了出来，在狱中所写的最后一首诗《别友狱中》中，他这样写道：

> 行藏未可期，明当与君别。
> 愿言无诡随，努力从前哲！

该诗作于在出狱前夕。他勉励狱友但行其志，不忘初心。

第三章

患难方见真知

侥幸逃脱悲剧命运

明武宗正德二年(1507年)春,一位形容憔悴的中年人从北京顺着运河南下来到杭州,这位中年人便是王阳明。王阳明为什么忽然来到杭州呢?原来,那些被捕官员被放了出来后,虽然死罪可免,但是活罪难饶,很快就一个个被悄无声息地贬官外放。

王阳明被贬到了贵州龙场驿担任驿丞。驿丞是没有品级的吏,朝廷的九品十八级官员里根本没有驿丞的名号。把王阳明从正六品的兵部主事贬为驿丞,等于去掉了王阳明为官的身份。

王阳明不仅成了这么一个根本不入流的小官儿,还被贬到千里之外的穷山恶水间。"龙场"在何处,王阳明闻所未闻。此时的王阳明已经刑伤初愈,行动如常。京城除了让人恶心的奸贼外,就只剩下让人伤心的回忆了,实在无可留恋。于是他立刻收拾行李,准备上路。

虽然刘瑾权倾天下,旁人唯恐避王阳明不及以免惹祸上身,但是好朋友湛若水却亲自来送这位失意的朋友离京,还写了九章长诗《九章赠别(并序)》相赠。

此九章并不是彼此独立的诗,而是相互关联。由第一首《见谴》、第二首《爱君》、第三首《惜别》、第四首和第五首《行路》、第六首《有赠》、第七首《皇天》、第八首《穷索》、第九首《天地》构成。

在诗中,湛若水赞美王阳明是一个举世无双的贤人,认为他

因为没有遇到明君,才伤害了自己。并说王阳明离开朝廷,就像黄鸟离开了编织的罗网。湛若水高度称赞了两人的友谊,认为王阳明可以抵得上三位有益的朋友,要誓死作为同襟。湛若水劝告朋友要顺应自然的无为,在勿忘勿助中体认天理。他认为自己的心与王阳明的心是相通的,并祝愿两个人都崇尚美好的自然,崇尚完美的德行,共同在浩渺无边的天地间去实现他们远大的理想!

读了朋友的诗,王阳明非常感动,以八咏相答。其中一首这样写道:

> 此心还此理,宁论己与人!
> 千古一嘘吸,谁为叹离群?
> 浩浩天地内,何物非同春!
> 相思辄奋励,无为俗所分。
> 但使心无间,万里如相亲;
> 不见宴游交,征逐胥以沦?

从两个人的应答可以看出两人虽然交往不久,但是心心相印,关系十分密切。即使将要各处一方,还试图力挽孔孟儒学以及二程之学不振的局面。两人以思想明德为共同追求,明知思想之路艰险,仍然坚持不懈,并以学术相互勉励,可谓思想上的诤友。带着好朋友的祝福,王阳明上路了。

王阳明从通州上船,沿着京杭运河到了杭州。王阳明的计划是到杭州稍稍休息之后,绕道去一趟南京,和父亲见上一面,把未来的打算与其商量一下,并安排一下生活,再到贵州去上任。

在入杭州城之前,王阳明在城北小河直街附近的北新关遇见了他的弟弟们。这一年正是乡试之年,王阳明的弟弟们到杭州来考试。王阳明是家中的长子,他共有三个弟弟,二弟王守俭,三弟王守文,四弟王守章。兄弟四人见面,分外亲切。王阳明向弟弟们打听家中的情况,听说家人都非常好,他感到由衷的高兴。弟弟们也问起他在京城的事情,听说哥哥受苦,几位弟弟情不自禁地落下眼泪。王阳明在《赴谪次北新关喜见诸弟》中描写了当时的情景:

> 扁舟风雨泊江关,兄弟相看梦寐间。
> 已分天涯成死别,宁知意外得生还。
> 投荒自识君恩远,多病心便吏事闲。
> 携汝耕樵应有日,好移茅屋傍云山。

诗中描写了自己意外生还的喜悦心情,表明他当初已经对自己的人生绝望了,认为自己必死无疑,兄弟再不能相见。诗中又说他此时真的好想和弟弟们一起回家种田,平静地度过余生。从中可以看出他当时的归隐之意。

王阳明和弟弟们相见后,本来要去南京。因为他自幼体质弱,又有咳嗽的病根子,加之受了杖刑,关了牢狱,他的身体更加亏虚,此段时间又一路舟车劳顿,他一下子病倒了。他只能在杭州休养,等养好身体之后,再长途跋涉前往龙场上任。

在前几年,王阳明曾在西湖疗养了一段时间。在当时,他常去休闲的地方是南屏山,因此这一次他选定在南屏山山麓的净

居寺栖身,并从春天一直休息到了夏天。后来,他又移居到胜果寺,继续休养。在《移居胜果寺》中,王阳明特意提到了他的肺病:

江上但知山色好,峰回始见寺门开。
半空虚阁有云住,六月深松无暑来。
病肺正思移枕簟,洗心兼得远尘埃。
富春只尺烟涛外,时倚层霞望钓台。

诗中说移居胜果寺不仅是为了治疗自己的肺病,更主要的还是防止自己的"心"染上病。他要远离尘俗,使自己的内心保持纯净。

虽然王阳明躲进了西湖享受平静和清雅,但是尘世并没有忘记他。那个当权的刘瑾还一直记挂着这个不知天高地厚的人。王阳明的病还没有养好,两个刺客就追到了杭州。

这两个刺客可不是一般的刺客,而是刘瑾派来的厂卫特务。厂卫是明代的特务政治机构,是皇帝的耳目和爪牙。厂,指东厂、西厂、内行厂;卫,指锦衣卫。

东厂、西厂和内行厂的头目多由司礼监太监充任。锦衣卫长官为指挥使,由皇帝的亲信担任,下领有十七个所和南北镇抚司。厂与卫职权基本相同,但锦衣卫为外官,奏请需用奏疏,不如东厂等太监亲近,因此厂的势力大于卫。锦衣卫侦查一切官员,厂则侦查官民和锦衣卫,内厂则监视官民和厂卫。

皇帝直接领导与监督所有侦查机关,建立了一整套侦查特务机构体系。厂卫均可不经司法机关,直接奉诏受理讼状,逮捕吏民。他们用刑极为残酷,其中一种刑罚是廷杖,它由司礼监监刑,校尉行刑,每打五棍换一人,初期仗数满而停刑,后期直到打死为止。

在武宗继位前,西厂已经停止运作。大太监刘瑾掌权后,宦官势力再度兴起,西厂复开,由太监谷大用领导。好笑的是,西厂与东厂虽然都受刘瑾的指挥,但两厂之间不是互相合作,而是争权夺利,互相拆台。为了改变这种情况,刘瑾又自建了一个大内行厂,由本人直接统领。其职能与东、西两厂一样,但侦缉范围更大,甚至包括东西厂和锦衣卫。一时间,锦衣卫、东厂、西厂和内行厂四大特务机构并存,到处都是特务人员,天下为之骚动。

刘瑾凶如虎狼,杀人如麻。他使用的重三百斤的立枷使受刑人在几日之内就被压死。他自从掌握大权之后,已经安排了多次暗杀。杀了几个对头之后,他盯上了王阳明。在刘瑾看来,他是继朝廷重臣、御史言官之后,第三批上奏找阉党麻烦的第一个官员。杀了王阳明,能对所有的臣子起一个警示作用,告诫他们:刘瑾的势力足抵得上半个皇帝,天下人不论是谁,得罪刘瑾的下场就是死。即使皇帝赦免了他们的罪,也休想逃脱。

这两个刺客是刘瑾直接派来的锦衣卫,他们对王阳明的追杀其实是半公开的。这两个凶悍的刺客就住在胜果寺里,在王阳明身边若隐若现,监视着王阳明的一举一动,并不急着动手。他们分明是想等王阳明离开杭州之后,在半路上对他下手。

以这两个刺客的身手,一抬手就可以取了王阳明的性命。此时的王阳明真是处于生死瞬间,危险到了极点。王阳明是个

聪明人，生性敏感。尤其是在这种危险时刻，他的直觉比平时更敏锐，警觉性更高。自己孤身住在异域他乡，又忽然出现这么两个可疑的人，说话带有京城口音，王阳明立刻觉得不对。他几年来一直在刑部担任职务，又曾到地方上审决囚犯，和抓差办案的捕快们打过不少交道，对这些人的言谈举止、职业习惯比较了解。他深知，这两个人是来取自己性命的。当这些特务监视王阳明的时候，他也在暗中观察着特务。

王阳明非常清楚这些特务的势力太大，杀人的手段又非常残酷凌厉，自己只是个生病的书生，根本不是这两个人的对手。连夜逃亡也难，因为天下处处有锦衣卫，自己纵然逃出杭州，也终究逃不出这些人的魔掌。然而一直待在寺里不走也不行，说不定哪天晚上两个刺客就悄悄地摸进屋来下毒手了，到时呼救也没有用，根本没有人敢上前来管。因为大明朝的百姓们面对凶手行凶的时候，他们通常坐视不管。

好在王阳明足够聪明，又早就看破了这两个刺客的嘴脸，在这件事上占了先机。他在绝境中冥思苦想，倒琢磨出一个办法来。他假装对刺客的出现毫无察觉，照样在庙里住着，每日长吁短叹，故意装出一副颓废消沉的模样给这两个刺客看。然后他趁着深夜溜出了杭州城，来到钱塘江边，把自己的衣帽脱了放在岸上，留下了两首《绝命诗》，其中一首这样写道：

　　学道无成岁月虚，天乎至此欲何如。
　　生曾许国蹔无补，死无忘亲恨不余。（蹔，同"暂"。）
　　自信孤忠悬日月，岂论遗骨葬江鱼？
　　百年臣子悲何极，日夜涛声泣子胥。

诗中的意思是说,时间飞逝,现在自己在学业上却一无所成,老天这么做是为什么呢?生前想报效国家,如今深感惭愧无法补救,现在要死了,想起双亲,很是自责。曾经自信满满,一片忠心可比日月,现在却要葬身鱼腹。这对于臣子来说是多么悲惨的事情,这日夜的潮声像哭诉伍子胥那样哭诉着自己。

伍子胥是春秋末期吴国大夫和军事家,他曾经多次劝谏吴王夫差杀勾践。夫差听信太宰伯嚭的谗言,令伍子胥自杀。在伍子胥死后九年,吴国被越国偷袭所灭。王阳明的另一首《绝命诗》中这样写道:

> 敢将世道一身担,显被生刑万死甘。
> 满腹文章宁有用,百年臣子独无惭。
> 涓流裨海今真见,片雪填沟旧齿淡。
> 昔代衣冠谁上品,状元门第好奇男。

诗中的意思是说,自己敢于担当社会的责任,即使粉身碎骨也心甘情愿。这满腹的文章有什么用呢?臣子做到这样也不感到惭愧了。河流、大海现在依旧存在,洁白的雪花却只能填满沟壑且停留在人们的交谈中了。过去那个品德高尚且出生在状元家里的好男儿从此将不存在。

这两首诗写得真糟糕,尤其是诗的后半部分,词句更糟,不知王阳明当时是有意为之,还是的确心慌意乱了。不过"自信孤忠悬日月,岂论遗骨葬江鱼"两句的意思却非常明白,就是他在绝望的情况下,已经投江自尽了。

布置了这么一个自杀的假现场之后,王阳明不可能再回到

胜果寺，便沿江而行。走了很长一段距离，他发现了一个洞穴，于是就暂时委身洞穴之中，一直等到了天亮。

第二天，一艘小船经过此地，王阳明随船往东驶去。刺客追到江边，早已不见王阳明的身影，只发现他丢弃在江边的衣服、鞋袜和《绝命书》。眺望着波涛汹涌的钱塘江水，刺客初步认定王阳明已经投江自尽了。

其实，王阳明用心布置的这个自杀现场并不算特别高明。这些锦衣卫都是办案的老手，在仔细地勘察之下，他们很容易看出破绽。如果他们看出问题，那么对王阳明的追杀就将继续进行。可是说来也巧，王阳明的"自杀事件"居然引发了杭州城里一群官员的呼应，结果—这场本来看起来虚假的"自杀戏"使众人信以为真。

原来，在王阳明养病期间，弟弟们因为考试的事情一直都留在杭州，他们听说哥哥跳江自杀的事都大惊失色，急忙换上素服带着祭礼赶到江边哭祭。结果，这一场祭礼惊动了不少人，其中就包括时任杭州知府的杨孟瑛。

杨孟瑛是涪州丰都县人，在杭州做了六年知府，为官清正，治民有方，是个大有作为的官员。杭州人称他为"贤太守"。眼见杭州西湖日渐淤积，即将废弃，这位知府于是下大力气整修西湖，为杭州保全这一方胜景。

王阳明"自杀"之时，杨孟瑛正带着民工疏浚西湖，日夜赶工，忽然听说浙江名士王阳明投钱塘江而死，大吃一惊。王阳明是状元公之子，本人又有诗名，虽然在北京还不太显，但在浙江却俨然是一位名士。特别是这一次，他又因为上谏皇帝，力斥奸党,受了牢狱之苦,贬官外放,其忠直之名传于天下。

如今,这位忠臣名士忽然在杭州投水自尽,引得这位为官刚正的杨知府满腹唏嘘。于是他备下祭品也到江边祭了一回。这一来,把事情闹得更大了。杨孟瑛在杭州已经做了六年知府,名声极好,百姓拥戴。他到江边祭祀阳明先生的事情立时传开了,都说是"贤太守"来祭"大忠臣",结果越传越广,人尽皆知,引得杭州不少书生、名士纷纷到江边来凑热闹。最后连浙江按察司、布政司都来了。眼看钱塘江边高官显贵、名士文人此来彼往,热闹非常。两个刺客终于认定王阳明确实已经自杀,这才回京复命去了。

王阳明之"死"立即传开,亲朋好友发出叹息,王华泣不成声。人生最悲哀的莫过于白发人送黑发人。消息传到北京,友人们为王阳明感到痛惜,唯独湛若水不信。

绕道福建到达南京

明武宗正德二年(1507年)夏,王阳明乘船逃到了舟山,不巧遇到了台风。一时海浪滔天,小船往南漂了一天一夜,最终抵达一块陆地,王阳明上岸一问,才知道是福建北部。

因忠见弃,下狱受罪已令王阳明悲愤,再加上不得不时刻提防被坏人暗害,他完全陷入了一种消沉绝望的情绪之中,因此他也不再想回浙江了。

经过反复思考,王阳明决定先逃到福建去寻找一位朋友,在那里躲避一段时间,然后抛弃一切,就此出家做道士,摆脱世上的所有烦恼。

王阳明一个人行走在茫茫大山中,眼看天色渐渐暗了下来,他又累又饿。这时,前面出现了一座古寺,于是他上前敲门。这座寺里只有一个和尚,他看王阳明脸色铁青,衣衫褴褛,还穿着很不合适的鞋,觉得不像是个好人,就不允许他进寺,并说前面不远处有一座空庙可以留宿。

王阳明万般无奈,只好继续走在黑暗的山路上,又走了好几个时辰,终于找到了一座非常破败的小庙。此时的王阳明已经筋疲力尽,他爬上供桌,倒头便睡,不一会儿就进入了梦乡。

王阳明没有想到,古寺中的那个和尚用心险恶,故意让他来这里睡觉。其实这里是一个虎穴。很多过路客就是在破庙中安身,结果被老虎吃了,留下了一堆骨头和金银财宝。这破庙就是古寺中那个和尚发财的来源。

王阳明睡下不久,一只出外觅食的老虎就来到了破庙门口。老虎应该已经吃饱了肚子,因此发现破庙里有人时,并没有扑过来,只是大吼了一声,大概想看看对方惊慌失措的样子。然而王阳明过于劳累,睡得太沉,没有任何反应。老虎觉得没趣,就走开了。

第二天黎明时分,那座古寺的和尚来到这座小庙。他想看看昨天那个人是不是已经被老虎吃掉了,可是却发现王阳明还在呼呼大睡,他情不自禁地惊叹:"此神也,不然,得无恙乎?"和尚立即把王阳明请回了古寺,并且好生照顾。寺庙的环境其实很差,但是对于历经磨难的王阳明来说,已经非常不错了。因此,他便在庙里住了下来,准备躲一段时间再做打算。

有一天,王阳明在游览寺庙时,突然看到一个道士坐在空地上,静如死人。他忽然觉得此人很眼熟,于是走上前仔细打量。这一打量不要紧,他几乎惊叫出声。原来,这个人就是当初他在洞房之夜时在铁柱宫遇到的那个道士。

道士等王阳明走上前,突然睁开眼睛,像诈尸一样跳了起来,抓住王阳明的手说:"我等你多时了!"

王阳明大惊说:"世人都说我跳河了,你为何等我?"

道士哈哈一笑,拿出早已作好的诗,其中有一句:

　　二十年前曾见君,今来消息我先闻。

王阳明也一笑说他也有诗:

　　移家便住烟霞壑,绿水青山长对吟。

道士问:"你是想远离尘世吗?"

王阳明点点头。

道士摇头说:"你父亲如今仍在朝中,你远走不要紧,可刘瑾会把你老父亲抓起来。你是隐于深山了,可刘瑾会说你叛逃北胡,或者南投海盗了。这样,完全可以给你定个叛国投敌的罪名,你王家就算彻底完了。"

王阳明自然知道道士的话很对。可是,经历了这么多事,他为国出力的理想已经彻底破灭了,他将来的命运如何,只有天知道了。道士说王阳明虽然会有短暂的灾祸,但是前途无比光明,并建议王阳明到贵州龙场上任。

听了道人的话,王阳明有了信心和勇气。他非常感激道人的指教,于是不再迷茫。他还写下了一首诗,题写在大殿的墙壁上,以表达自己的胸襟。诗中写道:

险夷原不滞胸中,何异浮云过太空。

夜静海涛三万里,月明飞锡下天风。

这首诗前两句说,在狂风巨浪中,诗人乘一叶扁舟在大海上漂泊。人世的一切艰难挫折,诗人原本就不放在心中。万物的变化只不过如同浮云掠过天空一样,在心中留不下任何痕迹。尽管海上风云变色、巨浪滔天,但是只要自己的心不为所动,这大浪又算得了什么呢? 这两句诗充分表现了王阳明坚毅无畏的品质,同时也反映了他的哲学观:"戒慎不睹,恐惧不闻,养得此心纯是天理"。在诗歌的三、四两句中,诗人更进一步地描写了自己心中此时的感受。在这静谧而辽阔的大海上,自己就好像手拿着高僧的法器锡杖,驾着天风,在月光下飞越大海。"夜静"与"月明"正是诗人充满禅理的心所幻化出的光风霁月的世界。在王阳明的诗中,实景与虚景、心学与禅理、诗人洒脱的心胸、豪迈的情怀以及沉毅的个性都融为一体,创构出情思意蕴极其丰富的诗境。

道士看了看这首诗,并称王阳明不是世外之人,其成就必然要在世内才可以达到。

王阳明与道士闲谈多日,最终决定出发去南京。此时的王阳明当然不敢肯定是否已经侥幸逃过了追杀,心里难免恐慌。在回程中,他显得很谨慎,他没有走捷径,而是绕了一个大弯子,先横穿福建一省进入江西,再由水路转往南京。在半路上,他游览了武夷山。

武夷山是三教名山,位于福建和江西的交界。传说神仙武夷君曾在此山居住,此山故名武夷山。自秦汉以来,武夷山就为仙家栖息之地,留下了不少宫观、道院和庵堂。

武夷山还曾是儒家学者倡道讲学的地方。朱熹曾经在武夷山九曲溪畔的隐屏峰下,亲手创建了武夷精舍。全国各处的学者纷至沓来于此,他们中的许多人后来都成为著名的理学家,如游九言、蔡沈、刘爚、黄榦、真德秀等。

王阳明在武夷山盘桓期间,还在武夷宫向那些莘莘学子传授义理之学。武夷宫又名会仙观、冲佑观、万年宫,位于武夷山大王峰南麓,前临九曲溪口,它是历代帝王祭祀武夷神君的地方。南宋词人辛弃疾、诗人陆游、理学家刘子军、朱熹等都主管过武夷宫。

在武夷山短暂停留后,王阳明向江西进发。出发前,他在岩壁上题了一首诗,描述了自己的一路历程:

> 肩舆飞渡万峰云,回首沧波月下闻。
> 海上真为沧水使,山中又遇武夷君。
> 溪流九曲初谙路,精舍千年始及门。
> 归去高堂慰垂白,细探更拟在春分。

进入江西之后,王阳明又辗转到了南昌府一带。他的岳父诸让老先生曾经在这里做官。王阳明年轻的时候曾来这里迎娶夫人,并住过很长一段时间,因此对这里非常熟悉。在南昌稍事休息后,王阳明来到鄱阳湖,准备由此出章江,入长江,从水路东下南京。

这一路上风餐露宿,冷暖寒薄无人问津,对王阳明这位公子哥儿来说真是满腹辛酸,一言难尽。在这逃难的路上,他不得不第一次直面人生,学着照顾自己。

在这一段日子中,王阳明流落江湖,同贩夫走卒打交道,事事亲力亲为。虽然日子过得辛苦,但是他也长了不少见识,学了很多经验,也放下了身上的官二代的架子。这些经历对于他后来的发展起了很大的作用。

奔赴贵州的龙场驿

明武宗正德二年(1507年)冬,王阳明一路辗转,足足走了半年,总算到了南京,见到了还在担任南京吏部尚书的父亲。王华没有想到儿子还活着,因此他悲喜交集。经过这次变故,王华对做官已经心灰意冷,只想在南京任上混到退休罢了。即便如此,他也没有出世的想法。

一天,一位客人劝王华学道家神仙之术,他毅然拒绝说:"人所以乐生于天地之间,以内有父母、昆弟、妻子、宗族之亲,外有君臣、朋友、姻戚之懿,从游聚乐,无相离也。今皆去此,而槁然独往于深山绝谷,此与死者何异?夫清心寡欲,以怡神定志,此圣贤之学所自有。吾但安乐委顺,听尽于天而已,奚以长生为乎?"

这段话的意思与王阳明的心学思想非常相似。究竟是王华的生活态度影响了王阳明的心学理论,还是王阳明的心学理论影响了王华的生活态度,已经无法考辨清楚。然而这种摒弃道家出世的态度,崇尚圣贤之学的思想观点,对王阳明坚持自己的人生志向具有巨大的支持作用。

王华对儿子说:"既然朝廷委命于你,你就有责任在身,还是上任去吧!"

在父亲的劝说下,王阳明决定去贵州赴任。诸氏不听公婆的劝阻,执意前往贵州陪伴王阳明。于是夫妻二人带着两个忠实可靠的仆人,向贵州出发了。

辞别父亲,王阳明从南京又到杭州,准备由此出发前往贵州。他第一次到杭州是正德二年(1507年)的春夏之交,这次到杭州已经是同年十二月了。

在这段时间里,朝廷的局势进一步缓和,刺杀活动也基本停止。刘瑾虽然凶狠,但毕竟是个大忙人。他上要奉承皇帝,下要笼络官员,还要罗织自己的党羽,更要急着索贿受贿,也实在没心思琢磨怎么去杀害那些被贬到偏远地区的小官了。所以,王阳明去贵州赴任的路途上,没有任何人为的危险因素存在。

王阳明的身边有两个仆人陪伴。一个叫王祥,一个叫王瑞,他们的名字合起来就是"祥瑞",多么吉利啊!王阳明进杭州之后,照旧住在上次差点遇害的胜果寺里。

从夏天到深冬,这半年时间王阳明吃尽了苦头。也正是在这半年的艰苦磨难中,他才有机会展开一场深刻的反思,由此渐渐远离了理学,踏入了心学的门槛。

这次下杭州,王阳明收了三位弟子,其中一个是他的妹夫徐爱。徐爱,字曰仁,号横山,浙江余姚马堰人,拜在王阳明门下时才二十岁。

正德三年(1508年),徐爱进士及第。后来徐爱曾任祁州知州,南京兵部员外郎,南京工部郎中等职务。徐爱是王阳明的爱徒,他是一个典型的内圣型人才,可以说是王阳明的"颜回"。

徐爱曾经同王阳明说起自己的一个梦境。在梦中,徐爱在山间遇到一个和尚,和尚预言他"与颜回同德,亦与颜回同寿"。徐爱于正德十一年(1516年)回家乡省亲,不料第三年就在家乡去世了,终年三十一岁。王阳明闻其死讯,大呼:"天丧我!天丧我!"可见师徒两人之间深厚的感情。

收弟子对王阳明来说也不是第一次,早先他在京城的时候也收过几个学生。只是那时候收学生讲的是糊涂学问,此时收弟子讲的是明白学问。

在离开杭州时,王阳明写了一篇《别三子序》赠送三位弟子。从这篇文章的字里行间可以看出王阳明的思想进入了一个新天地,其中开篇就是:

> 自程朱大儒没,而师友之道遂亡。《六经》分裂于训诂,支离无蔓于辞章,业举之习,圣学几于息矣。

从文中可以感受到这时的王阳明已经是心有所思,思有所得了。

正德三年(1508年)春天,王阳明从姚江坐船到达钱塘江,之后经江西广信、分宜、萍乡进入湖南醴陵,然后沿湘江抵达长沙并赶赴贵州。在途经长沙时作诗《长沙答周生》。该诗表明王阳明到长沙时已舟车劳顿,而且牙病发作。长沙学子周生向他请教,使他精神振奋,不知疲倦。逆境中的王阳明教导周生,大厦之材必出幽谷,要宁静致远,立志培养颜回、曾点的境界。

王阳明写诗表白了停留长沙的原因。他称自己并非专程来长沙游山玩水,而是重视师友之道,满怀对朱熹、张栻的敬仰之情,决心西探岳麓。他在《游岳麓书事》诗中记载了游览岳麓山的经过。

当时长沙赵太守想等到雨后天晴邀请王阳明同游岳麓山,可是王阳明经不起周生的好意催促,没有惊动赵太守便独自前

往岳麓山会周生。站在岳麓山上远望岳麓书院，心中远赴龙场的忧郁之情烟消云散，他为目睹朱熹和张栻讲学的遗迹而大感高兴。赵太守获悉王阳明的行踪，便匆匆赶来。几人一起在山上聊天、喝酒。酒尽人散时，"严城灯火人已稀，小巷曲折忘归路"。

王阳明离别了长沙，沿湘江过洞庭湖抵达沅江时作了一组诗《去妇叹五首》。其诗大意是楚人新娶了一个老婆，却很快将她踢出了家门。这名少妇无家可归，就跑进深山老林，吃草根树皮，却仍然矢志不移地思念丈夫。这其实是贬谪贵州龙场的王阳明借诗表达"处江湖之远则忧其君"的情怀，把皇帝比作那个丈夫，把自己比作那个被踢出门的少妇。此后，王阳明溯沅江西进，来到武陵，也就是后来的常德。

王阳明在常德拜见了他父亲的同科进士文澍。文澍中进士后，历官南京刑部主事、重庆太守，这时已经告老还乡。他见王阳明亲自拜访，非常高兴，和他一起游历了桃花源，并写了《桃源洞》诗。

在王阳明同文澍游过桃花源之后，进士杨褫带着他的学生龙翔宵、冀元亨和蒋信拜访了王阳明。杨褫，字介福，武陵人，明孝宗弘治五年（1492 年）中乡试解元，弘治九年中进士。他曾任刑、吏、礼和兵四科给事中，直言敢谏，因不满刘瑾的擅权而主动请求退休。

杨褫回到常德后在府西清平门内建闻山精舍，同蒋信、冀元亨等一道讲学。王阳明在常德的讲学活动应该就是由杨褫组织安排。不仅如此，杨褫还让蒋信和冀元亨陪同王阳明到贵州龙场驿赴任。

第三章 | 患难方见真知

二月末的一天,王阳明一行几人在苍茫的夜色中抵达贵州平溪卫。平溪卫东连湖广芷江沅水驿,西接贵州镇远卫,是入黔第一卫。他刚刚在平溪卫驿馆安顿下来,就遇见前往贵阳就任贵州布政司参议的官员王文济。

王文济早已知道王阳明仗义上疏而遭到"刘瑾之祸"的壮举,于是主动与他攀谈。两人交谈甚欢,王文济无限感佩,诗兴大发,即兴作诗相赠,并相约陪王阳明去贵阳。王阳明十分感动,回赠《平溪馆次王文济韵》一首:

　　山城寥落闭黄昏,灯火人家隔水村。
　　清世独便吾职易,穷途还赖此心存。
　　蛮烟瘴雾承相往,翠壁丹崖好共论。
　　畎亩投闲终有日,小臣何以答君恩?

这首诗大意是说,在平溪这个寥落的山城,暮色黄昏,隔水人家,灯火点点,让飘零远方的客人感到几分惆怅。但能与王文济这样的朋友谈天论道,互诉心曲,这是一件多么快慰生平的事啊!

王文济是王阳明入黔后在平溪卫结交的第一位有官职的朋友。在平溪卫驻留期间,两个人一起游览了附近的名胜。黔东南的美景让王阳明身心愉悦,暂时忘却了烦恼。

在平溪卫城东山上有一个石洞,击之铿然有声,该洞名叫钟鼓洞。王阳明在这里留下了一首《钟鼓洞》的诗。此后,他们一行人从平溪、镇远经偏桥来到兴隆卫。王阳明《兴隆卫书壁》诗云:

　　山城高下见楼台,野戍参差暮角摧。

>贵竹路从峰顶入,夜郎人自日边来。
>莺花夹道惊春老,雉堞连云向晚开。
>尺素屡题还屡掷,衡南那有雁飞回?

此诗为实景写生,明确点出了贵州山高路陡、峭壁千仞、奇峰插天且又节候较晚的特点。王阳明当晚下榻于飞云崖月潭寺公馆,在此写下了著名的《重修月潭寺建公馆记》。

飞云崖位于黔东南黄平县城东北。明英宗正统八年(1443年)在此始建月潭寺,后经历代增修扩建,飞云崖逐渐形成了一组宗教建筑、民族建筑和园林建筑相间的别具特色的古建筑群,赢得了"贵州第一古刹""黔南第一洞天"等殊誉。

在贵州名胜中,飞云崖是文献记叙和游人题咏最多的一处。这里是明代通往滇、黔、缅的驿道,过往飞云崖的诗人络绎不绝。王阳明也对这里情有独钟,他在《重修月潭寺建公馆记》中称赞说"天下之山聚于云贵,云贵之秀萃于斯崖"。

在去龙场驿的路途中,王阳明不仅领略了沿途风光,还开始对当地的民风民俗有所接触和了解。在途经苗、侗族聚居的清平卫时,他恰巧碰见当地少数民族相互械斗仇杀。

看着驻守官兵前往镇压,却收效甚微,王阳明心生忧愁。在目睹了西南之地尚未开化的一面后,他有感而发,作有《清平卫即事》一诗:

>积雨山途喜乍晴,晚云浮动水花明。
>故园日与青春远,敝缊凉思白苎轻。
>烟际卉衣窥绝栈,峰头戍角隐孤城。
>华夷节制严冠履,漫说殊方列省卿。

初到异乡的清贫生活

明武宗正德三年（1508年）春，王阳明经过长途跋涉，终于来到了贵州龙场驿。

龙场驿为彝族土司奢香夫人于明洪武年间所设。明太祖洪武十六年（1383年），贵州都指挥使马晔，因为有大汉族主义的偏见，便无端地污辱了贵州宣慰使奢香。奢香忍辱负重，上京面见朱元璋，状告马晔。朱元璋召回马晔，将其下狱，并赏赐奢香金银及丝织品等物。奢香为了报答朱元璋的恩典，自愿开山通道以方便驿使往来。奢香回到贵州后，一面宣扬朝廷的威德，使人心安定。另一面履行诺言，亲率各部，组织投入巨大的人力物力，披荆斩棘，开辟了以偏桥为中心的两条驿道，史称"龙场九驿"。

龙场驿为龙场九驿中的首驿，驿址在离贵阳不远的龙场，即后来的修文县城。王阳明到达时，龙场驿已经破败不堪，加上山中潮湿发霉，根本无法居住。

王阳明感到一阵悲凉，第二天他出去熟悉周围环境。在驿站南两里有一座小孤山，名叫栖霞山，也就是人们常说的龙岗山。他在小山上搭了一间矮小的茅屋作为栖身之所，并写下了《初至龙场无所止结草庵居之》一诗：

> 草庵不及肩，旅倦体方适。
> 开棘自成篱，土阶漫无级。
> 迎风亦萧疏，漏雨易补缉。

> 灵濑响朝湍,深林凝暮色。
> 群僚环聚讯,语庞意颇质。
> 鹿豕且同游,兹类犹人属。
> 污樽映瓦豆,尽醉不知夕。
> 缅怀黄唐化,略称茅茨迹。

从诗中可以看出,王阳明居住的草屋矮小、简陋,附近还有野鹿、野猪。王阳明又在小山上找到了一个洞穴以供暂时歇息,闲时就研习《易经》,因此他把这个山洞取名为"玩易窝"。

王阳明在晚上住在草屋内,草屋应该比当时的杜甫草堂还简陋。但王阳明却不以为意,并将房子取名何陋轩,它的出处是《论语》中"君子居之,何陋之有"。

住了半月左右,王阳明在龙场百姓的指点下,又在龙岗山的东部山腰找到了一个大岩洞,洞内前后三通,洞中有洞,里面宽敞明亮,可容纳百人以上,四壁石乳凝结。

王阳明见了非常喜欢,于是便将自己的住处搬到洞中。因为这个钟乳洞在驿站的东边,所以最初叫东洞,后来王阳明又效仿家乡的阳明洞,把它更名为"阳明小洞天"。

王阳明主仆既然找到这样的天然住处,就无须再费力盖房子了。王阳明赋诗《始得东洞遂改为阳明小洞天三首》,以表达自己的兴奋之情。第二首这样写道:

> 童仆自相语,洞居颇不恶。
> 人力免结构,天巧谢雕凿。
> 清泉傍厨下,翠雾还成幕。

> 我辈日嬉偃,主人自愉乐。
> 虽无荣戟荣,且远尘嚣聒。
> 但恐霜雪凝,云深衣絮薄。

从诗中可以看出,王阳明和家仆都夸赞这天然的住处,并为能够远离俗世过上远古时代的生活而欣喜。

王阳明在另一首诗中写道:

> 上古处巢窟,杯饮皆污樽。
> 冱极阳内伏,石穴多冬暄。

这四句诗描写了王阳明真实的居住环境。

接下来,他又写道:"豹隐文始泽,龙蛰身乃存。"喻指这样的隐居生活可以保全自己的名节,就像豹子隐藏起来,以防自己的毛皮花纹被雨雾损坏;龙蛰伏起来,以保证自己的身体完好一样。也许有人觉得住在宏伟的宫殿里,身着轻柔裘皮的生活才算快乐。王阳明却期许颜回那样的生活。孔子曾经大力夸赞弟子颜回,称其为:"贤哉回也!一箪食,一瓢饮,在陋巷,人不堪其忧,回也不改其乐。贤哉回也!"所以,王阳明又在诗的末尾处写道:"邈矣箪瓢子,此心期与论。"

王阳明每天都在洞中看书,睡觉,冥思苦想,《五经臆说》大概就是在这里写成的,他还经常在山中漫无目的地行走。山洞里很安静,王阳明的心也静极了。

"道"究竟在何处?事物的原理在哪里?天下万物格得尽吗?为此,王阳明冥思苦想,殚精竭虑。他让人打造了一口石棺材,在里面不吃不喝地躺了三天三夜,除了体会到死的滋味外,

其他什么也没得到。有一天晚上,在沉沉的暗夜中忽然透出一丝光亮,他一下子明白了,所谓的圣人之道全在自己的心中。这就是中国哲学史上著名的"龙场悟道"。"阳明心学"从此揭开了全新的篇章。

大彻大悟的王阳明发现天下万物和人生在世如此美妙,其心变得明亮了。当然,精神的突破并不能直接改变现实生活的困境。

当时的龙场驿的确过于破败与荒凉。而且由于往来的人少,加上当时驿站并没有得到朝廷的重视,几年后的龙场驿也没有什么改变。

没有多久,王阳明一家就没有粮食吃了。当时龙场的少数民族也不富裕,王阳明主仆就仿照当地人开荒种地。王阳明写了一首《谪居绝粮请学于农将田南山永言寄怀》,记述了他当时的境况。诗中说:

> 谪居履在陈,从者有愠见。
> 山荒聊可田,钱镈还易办。
> 夷俗多火耕,信习亦颇便。
> 及兹春未深,数亩犹足佃。
> 岂徒实口腹,且以理荒宴。
> 遗穗及乌雀,贫寡发余羡。
> 出耒在明晨,山寒易霜霰。

从诗中可以看出,王阳明遇到孔子"在陈绝粮"般的困境,其随从们都有不满的表现。不过,好在荒地有的是,简易的农具也好置办,当地人原始的刀耕火种,仿照也不难。当时应该是四月底了,种庄稼还来得及,于是王阳明说干就干,开始种地。从中也可以看出王阳明处困不惊、理智冷静的性格特点。一个知识分子出身的朝廷官员拥有泰然乐观的态度是非常难得的品质。

开始种地了,看着容易做起来难,他们只好经常请当地人帮忙。干活结束,王阳明在草屋下设酒食请帮忙的邻居吃饭。有一次,王阳明干活太累了,但又很高兴,他便喝醉了,忘了和人家打招呼就进屋睡了,第二天写了《西园》诗以作记:

> 方园不盈亩,蔬卉颇成列。
> 分溪免瓮灌,补篱防豕蹢。
> 芜草稍焚薙,清雨夜来歇。
> 濯濯新叶敷,荧荧夜花发。
> 放锄息重阴,旧书漫披阅。
> 倦枕竹下石,醒望松间月。
> 起来步闲谣,晚酌檐下设。
> 酣时借草眠,忘与邻翁别。

王阳明喜欢喝酒,而且经常喝醉。在他的西园里,种了许多草药和花卉。他一向体弱多病,在当时有限的医疗条件情况下,种些草药并按照书上的方子自己煎熬药汤是必要的行为。他从京城来到边陲,一路风餐露宿,到达后必然有一个适应的过程。从"卧病空山无药石,相传土俗事神巫。吾行久矣将焉祷?众议纷然反见迂""地无医药凭书卷,身处蛮夷亦故山""野夫病卧成疏懒,书卷长抛旧学荒""病夫已久逃方外,不受人间礼数嗔"等

诗句可以看出王阳明当时确实是经常生病。

龙场乡民见王阳明经常生病,出于关心,提议帮他请巫师。对于巫术,王阳明并不陌生,那都是些蒙昧无知的自我麻醉,有的甚至是自欺欺人。虽然龙场乡民出于好心请巫师为王阳明治病,但王阳明不会接受,便委婉谢绝。

庄稼长起来了,王阳明对田间的一切都很陌生也很感兴趣,写了《观稼》诗:

> 下田既宜稌,高田亦宜稷。
> 种蔬须土疏,种蓣须土湿。
> 寒多不实秀,暑多有螟螣。
> 去草不厌频,耘禾不厌密。
> 物理既可玩,化机还默识。
> 即是参赞功,毋为轻稼穑!

诗中所言都是农村人尽皆知晓的道理,王阳明仍很好奇地写入了诗中。

进入了夏天,王阳明经常在山中懒睡,有时干农活困了就在竹林边的石头上睡觉、看书,倒也清闲。他对自己的山洞特别满意,于是在诗中写道:

> 松风不用蒲葵扇,坐对青崖百丈泉。
> 古洞幽深绝世人,石床风细不生尘。

在龙场驿,王阳明经常吟诗咏歌,抚琴吹箫,招来许多苗裔儿童环聚而听,他便授之以琴技。后来,他又在阳明小洞天摆上桌椅教苗裔儿童习字。

王阳明从京城而来,而且是一个有大学问的人,因此很快引起周围上百里的读书人的注意,于是他们便纷纷赶来求学。当地苗彝乡民也把自己的孩子送来请王阳明教他们识字。

学生及家长们不忍看着王阳明居住在阴暗潮湿的石洞里,他们自动砍树伐木,准备为王阳明构筑了几幢木屋。二十多天后,房屋建好,乡民请他移住新居。王阳明本以为大家帮他搭了一个能遮风挡雨的屋子,没想到房子建得如此美观大方,布局得当,进出有致,因此他十分感动,专门写诗以记其事。

为了答谢龙场百姓的帮助,王阳明正式授徒讲学。在学生们的建议下,王阳明把这里命名为"龙岗书院"。

有了新居,王阳明无比欣喜。何况有庐有轩,颇自成趣,坐落在小山冈上从中仰望远处山峰,俯视近处村寨,竹木丛翠交错,真是美不胜收!临侧还辟有小园,他趁着晚春赶种了菜蔬和花药。

当年秋天,王阳明在写给学生们的诗中有"不记西园日,桃花夹川路"的话。可见在农历三月,他便已经开始讲学了。这房子盖了将近一月,说明王阳明在玩易窝和阳明洞居住不过两个月。

异乡人的五味杂陈

龙场在明朝属于水西土司的辖区。这里的彝、苗、仡佬等族百姓善良纯朴,没有腐败官场与浮华都市那种趋炎附势的势利眼。对于不为最高当局所容、身处逆境的弱势者王阳明,人们都抱着天生的同情心和正义感,处处帮着他。

水西土司上层同样欢迎王阳明。他们听说王阳明生活困难,自己开荒种地,就派人给他送来米、肉、菜等食物,还派人帮他砍柴和挑水等。

王阳明婉言谢绝,还写信答谢。信中称自己得罪了朝廷而被发配而来,现在躲在阴岩幽谷之中以抵御藤精树怪。虽然早就听说水西土司为人高洁正义,但一直不敢见土司,恐其受牵连。而土司派人送米、送肉,还叫人砍柴挑水,自己实在不敢当,就以礼相辞了。

过了两天,贵州宣慰使司宣慰使安贵荣派人送来银两布匹和一匹马。王阳明不敢接受。可是送礼的使者再三坚持,王阳明只得接受了一些柴和米,将其余的钱物和鞍马都退还。

安贵荣身为一方土司,远离主流文化中心,却如此尊敬爱戴中原学者,让人十分感动。尤其可贵的是,他不像有些人那样,生怕和失势者沾边,避之唯恐不及,却以纯洁高尚的爱心善待王阳明。王阳明对安贵荣的礼遇再三谦让。双方的人品节操显而易见。

第三章 | 患难方见真知

　　龙场的老百姓也把王阳明当朋友。王阳明在当地名气越来越大,听他讲学的人也越来越多。这种情况引起了思州太守的不满,他认为王阳明的声誉太大,而且无视自己这位上级,没有及时前去拜见。有一天,思州太守借口王阳明傲视朝廷地方官府,就派差人到龙场凌侮王阳明。

　　当差人看到王阳明面对他们并没有表现出惊慌失措的样子,反而不卑不亢,他们就更加生气了。他们指责王阳明到龙场多日却没有眼力,不去拜见太守,反而在龙场装神弄鬼,搞非法集会。

　　看到有公差来到龙场,当地的苗、彝等少数民族乡民纷纷前来观看。他们看到公差竟然公开欺侮王阳明时,便同前来听课的学生们一起把差人们殴打了一通,然后将其驱逐出境。

　　思州太守对此怒气冲冲,发誓要惩治王阳明。思州提学副使兼巡按御史毛科安抚了太守的情绪,并且亲自给王阳明写信,晓以利害,喻以祸福,劝导王阳明给太守叩头认罪,赔礼了事。

　　毛科是王阳明的同乡,字拙庵,号应奎,刑部广东司主事毛吉次子,明宪宗成化十四年(1478年)进士。他的劝告虽然是出于同乡的好意,却反映了官场中很大一部分人圆滑世故的处事方法。对于这种缺乏基本原则和操守的事情,王阳明绝对不会去做。

　　看到来信,王阳明立即回了一封《答毛宪副书》,义正词严地反驳了这位同乡。这封信是最见心学中"不动心"的功夫,而且是对付挑衅者最锐利的武器。

　　王阳明首先指出这件事是由差人在龙场凌侮自己所致,其

错误在于差人，不在当地乡民，也不在他自身。王阳明给了思州太守一个台阶下，称差人到龙场来闹事肯定不是太守的意思。既然不是太守的意思，这件事便跟太守无关。既然跟太守无关，也便跟自己无关。那么自己与太守没有任何冲突，所以根本不存在向太守谢罪的问题。

王阳明在信中又指出，磕头虽然不是什么了不起的大事，但是也有规矩。如果不该磕而磕或者该磕却不磕就违反了规矩。

最后，王阳明表达了自己坚贞的操守。他说自己作为一名"废逐小臣"，守住忠信礼义，哪怕"刻心碎骨"也心甘情愿。生死有命，自己不会因为怕太守报复就向太守道歉。如果太守要加害，那太守与山中的瘴气蛊毒鬼怪也就没有什么区别。自己没有任何畏惧。

王阳明大义凛然的态度和气节让同乡毛科肃然起敬，他就再也不敢多说了。为了表示对王阳明的友好，毛科将居家休息的亭子改名为"远俗亭"，专门请王阳明作记。由此可见，王阳明具有强大的人格魅力。

从这件事情可以看出，王阳明谪居龙场时与少数民族相处得和睦友好，因而在险恶的环境中获得了少数民族的尊敬和援助。他不仅减少了初到龙场时的孤独和落寞之感，还在逆境中体味了"人间处处有真情"。他看到了希望，鼓舞了勇气，坚定了意志，从而振作奋发起来，与命运进行抗争。

王阳明与少数民族的特殊感情激发了他从更深的层次上去探索、丰富和发展"良知"学说的道德意识。更为重要的是，在他泰然面对艰险环境和困顿生活的同时，他的思想得到了升华，他在人生的道路上重新燃起了希望的火焰。

王阳明初到龙场在玩易窝结草庵居住时,当地百姓常到他的住地问长问短,话语率真。正如他在诗中所述:"群獠环聚讯,语庞意颇质。"从玩意窝移居阳明小洞天时,当地百姓又主动地帮助王阳明整修石洞,伐木为材,构筑了龙岗书院、君子亭、宾阳堂等居室。王阳明油然而生"夷居信何陋,恬淡意方在。岂不桑梓怀,素位聊无悔"的感慨。

这年深秋,天气转凉,山中早晚开始有露水了。王阳明早上砍柴,下午到地里收庄稼,抽空又去溪边提水,他感觉很有成就感。他想到自己自食其力,没有事事依赖别人,高兴之余写了《采薪二首》。一首诗中描述了他砍柴时发生的有趣事情:

倚担青岩际,历斧崖下石。
持斧起环顾,长松百余尺。
徘徊不忍挥,俯略涧边棘。
同行笑吾馁,尔斧安用历?
快意岂不能? 物材各有适。
可以相天子,众稚讵足识!

诗中写到王阳明在山里磨了斧子后去砍柴,准备砍一棵高百余尺的松树,可是拿着斧子走到松树下看了看,却不忍心下手了。一同前去的几个童仆取笑说他为什么不砍呢? 他称万物各有各的用途,并以树喻人,联想到自己的际遇,所以没有砍伐大松树。

一年过去了,到了元宵节。雪还没化,山中很冷。王阳明想

念家乡和亲人,这一天他写了五首诗。他想象着家乡此时当是多么热闹,可是龙岗却是一派冷清,他只有书本做伴。眼前报春的梅花已经开放,天虽然转晴了,节日前降下的雪还未消融,晚上一轮明月将空旷的院落照得白茫茫一片,这是多么孤寂的荒村元宵之夜啊!

在这孤寂中,不禁让人想起王维的《九月九日忆山东兄弟》,"每逢佳节倍思亲"。王阳明虽然在竭力地自我宽慰,但是在这种孤寂的清夜还是禁不住乡愁的来袭。于是他在诗中写道:

> 寒威入夜益廉纤,酒瓮炉床亦戒严。
> 久客渐怜衣有结,蛮居长叹食无盐。
> 饥豺正尔群当路,冻雀从渠自宿檐。
> 阴极阳回知不远,兰芽行见发春尖。

积雪的寒冷夜晚更是寒意侵人,本来天冷喝点酒是可以增加点体温的,可是在这个元宵之夜竟然连酒也没有了,叫人犹觉难耐。长期客居他乡衣裳都打了补丁,不禁使他顾影自怜。

第二年的初春,王阳明已经习惯了龙场生活,心情稍好了一些,但还是常常想念家乡。他在《春行》里写道:

> 冬尽西归满山雪,春初复来花满山。
> 白鸥乱浴清溪上,黄鸟双飞绿树间。
> 物色变迁随转眼,人生岂得长朱颜!
> 好将吾道从吾党,归把渔竿东海弯。

诗中反映了王阳明盼望归乡退隐的思想。

第三章 | 患难方见真知

就在前一年冬天,贵州提学副使毛科邀请王阳明去贵阳讲学。王阳明也正想到贵阳看病,便接受了毛科的邀请。他从贵阳讲学回来时已经是满山的积雪了。初春,王阳明又去了一次贵阳,路上已经春暖花开。这样冬去春来,人生能有几度春秋呢?他又泛起了乡愁,急切地企盼退隐,回到家乡与他旧时的友人和学生共同研讨学问,在东海之滨打发他的余生。

从贵阳回来后,王阳明到西山下采蕨之时,其思乡之情油然而生。他站在山顶上,遥望家乡的方向,泪流满面。然而想到只有保重身体才能回到家乡,如果自己客死他乡,不但给亲人带来巨大的痛苦,也是对自己不负责任,于是他强自宽慰,继续坚强地生活。

王阳明每日讲学、种地,日子过得倒也充实。很快到了第二年秋天,一天傍晚,阴雨沉沉,他远远望见村落里来了三个人。有人说,这是一个从京城贬到贵州的小吏,在儿子和仆人陪同下去南方赴任,正路过这里。

虽然天色已晚,但是王阳明仍然兴奋地赶到这三位来者投宿的人家,隔着篱笆往里望,想打听一下北方的情况。王阳明看他们愁容满面且身心交瘁的样子,就没有去问。王阳明心想:让他们休息吧!明早再与之促膝长谈吧!这一晚,王阳明非常兴奋,回忆起在京城的点点滴滴,心里盘算着该问点什么呢?但是,他没这个机会了。

第二天,当地土人来报,这三人起早赶路,在途经蜈蚣坡时可能因为饥渴劳顿,也可能被山林里的瘴气所浸,先后断气了。王阳明非常同情他们,决定立即前往掩埋死者。

127

王祥、王瑞却不愿意去。王阳明对他们俩说:"嘻,吾与尔犹彼也!"意思是说自己和王祥、王瑞与那死去的三人是一样的啊!如果他们也像这样死去,要不要别人来掩埋呢?王祥、王瑞听了,便情不自禁地哭了,拿起工具跟着王阳明前往蜈蚣坡。

王阳明和两名仆人来到蜈蚣坡,将三人埋葬了,在坟前竖了一块粗朴的长条石。因为无法查知这三个死者的姓名,他们就在碑上写了"三人坟"三个大字。

回到阳明小洞天,王阳明心里感慨万千。他从陌生的三人客死山野联想到自己孤身一人来到这穷荒的边远小驿,与这陌生三人的境况是何其相似。而那陌生小吏还有儿子陪同,自己的情况比这小吏更遭。只不过自己现在还活着,而他们三人已经死了。王阳明越想越心慌,突然觉得应该写点东西,既是对这三人表示哀悼,也可以表露一下自己的悲哀之情。他当即提起笔来,一挥而就。这篇文章就是后来入选《古文观止》的名篇《瘗旅文》。王阳明又来到蜈蚣坡的三人坟前,焚香点烛,诵读《瘗旅文》,对三人进行祭奠。

《瘗旅文》为所有身在他乡之人必读的文章,其感情真挚,淡淡的描述中却透露出浓烈的悲怆,令人泫然欲涕。这篇文章是王阳明最高水平的散文。全文分为三个部分,包括事情的发生、自己对逝者的同情和处理,以及自己感同身受的悲凉情怀。

文中抒发了王阳明被贬谪荒乡僻壤的悲愤,反映出同是天涯沦落人的抑郁心境和自我宽解的达观思想。全文情之所至,一气呵成,哀叹小吏的不幸,感怀自己的悲哀。借助感怀小吏而为自己的艰难处境泣诉,哀婉凄然,情恸于衷。

第三章 | 患难方见真知

在贵州的讲学生活

王阳明在龙场百姓的资助下创办了龙岗书院,使龙场这样一个荒僻的地方开始得到了文化知识的教化。龙场附近的彝族、苗族、仡佬族等少数民族子弟纷纷慕名而来,拜王阳明为师。王阳明根据风俗开化教导当地人,受到人们深深的爱戴。

龙岗书院办学条件差,甚至没有桌凳,学生们只得围在阳明先生周围听课。教学无书卷,王阳明就给学生们念诵《五经》等经典。

在教学形式上,王阳明不拘泥成规,采用讲述、歌咏、问答等形式,并将传授的内容配以越曲教唱,既解决了言语不通的障碍,又使学生易懂、易诵和易记。

王阳明鼓励学生主动提问题,由老师或学生作答。由于他博学多才,教学形式和方法灵活多样,渐渐地名气越来越大。每天来听课的人越来越多,龙岗书院盛极一时。

在学员繁杂的情况下,王阳明必须对学员提出更严格的要求,这样方能使学员通过教化走向人生的道路。当时三十六岁的王阳明对自己求学的经历、从政的得失、"龙场悟道"得到的启示等进行了总结,写下了《教条示龙场诸生》。后来这篇文章成了中国古代教育理论的名篇佳作。

《教条示龙场诸生》对为学的目的、为学的途径、为学的方法等方面进行了系统的阐述,让学生通过立志、勤学、改过、责善而

学有所成。

王阳明认为志向不能立定,天下便没有可做得成功的事情。立志做圣人,就可以成为圣人;立志做贤人,就可成为贤人。志向没有立定,人就好像没有舵木的船,就会随波逐流,最后不知流到何处。已经立志做一个君子,自然应当专心从事于学问。凡是求学不能勤奋的人,必定是志向还不坚实。王阳明指出,跟随他求学的人不是以聪明机警敏捷为高尚,而是以勤奋踏实、谦逊有礼为上等。

对于过失的看法,王阳明认为虽然大贤人也不会完全没有过失,但是过失并不妨碍他成为大贤人,因为他知道改正!所以,做人不要注重于有无过失,而要注重是否有改过之心。

王阳明还专门在文中谈论了"责善"。他认为"责善"要尽自己忠诚爱护的心意,尽量用委婉曲折的态度使朋友听到就能够接受。如果一个人揭露朋友的过失并极力地毁谤斥责,使其无地自容,那么该朋友将产生惭愧羞耻或愤怒怨恨的心。虽然有过失的朋友愿意委屈自己来听从指责,可是在实际上他的内心已经拒绝改正。所以,凡是当面揭发他人的短处,暴露他人的隐私,用来换取正直名声的人,我们都不能和他谈论并要求"朋友为善"的道理。

《教条示龙场诸生》中有很多名言警句,如:"志不立天下无可成之事""不贵于无过,而贵于能改过""谏师之道,直不至于犯,而婉不至于隐耳"等。这些话成了为人处世、教书育人的箴言,让后世受益匪浅。

在王阳明的影响下,贵州各地官府纷纷兴办教育,地方绅士也纷纷捐资办学。因此,王阳明对贵州的教育起到了巨大的促进作用。王阳明也多次应同乡毛科的邀请前往贵阳讲学。

明武宗正德四年(1509年)四月,毛科退休回家,包括王阳明在内的多位同僚们为他饯行。王阳明专门作《送毛宪副致仕归桐江书院序》来记述这件事,从中可以看出两个人的友情较为深厚。

接替毛科提学副使职位的是席书,他是四川遂宁人,字文同,号元山,明孝宗弘治三年(1490年)中进士,在明代中期的朝廷中以"直言敢谏、遇事敢为"著称。

毛科临走前叮嘱席书说:"王阳明学识渊博,有谋有略,将来必成大器,为国之用。我们不应该让他长久卧于龙场。"席书与毛科商量并决定应该时常邀请王阳明前来贵阳讲学。

这年的春、夏、秋三季,王阳明多次前往贵阳的文明书院讲学。席书不避嫌,敢于尊请负罪贤人讲学,已属难得。而且席书敢于突破明王朝以程朱理学为儒学正宗的禁区,公开传播与正统学说殊异的新说,这是一般当政者不易做到的事情。

席书本人原先也信奉朱熹学说,与王阳明多次切磋探讨后,他豁然大悟。在两个人坐而论学时,经常有数十个甚至上百个学子环绕聆听。

当时贵州建省已经八十七年,但是由于各种原因,其教育发展缓慢。王阳明把儒学带进了贵州山区,开启了贵州教育的新风。他对学生提出"立志、勤学、改过、责善"四条基本原则,对后世的教育产生了很大影响。王阳明在贵州培养了一大批门

生,还有一些再传弟子。正是这些人将王阳明的学说发扬光大。王阳明把家乡越曲也教给了许多贵阳人,他对贵州的影响可谓深远。

王阳明应安贵荣的邀请到黔西素朴九龙山讲学,为水西彝族百姓修复的象祠作记。短短的几天时间内,他留下了四首诗和一篇文。在过天生桥的时候,他写了《过天生桥》诗一首。当天住在六广驿,第二天早上从六广驿出发过河时,他写了《六广晓发》。到了象祠后,他写下《象祠记》。随后他到谷里驿住宿,写了《宿谷里》诗一首。从谷里经水西驿、奢香驿到达金鸡驿后,在此吃饭期间,他写了《饭金鸡驿》诗一首。

从王阳明的诗作来看,他在龙场期间到的地方并不多,多数时间都是在龙岗山读书、讲学、种地。当然,他也偶尔出去郊游,或与当地百姓闲聊喝酒。

有时候,路家河、泥猪寨的人家做熟了饭菜,邀请王阳明去喝一杯。王阳明挽着裤脚过河去喝酒,高兴时他便要高歌一曲。留《夜雨山翁家偶书》云:

山空秋夜静,月明松桧凉。
沿溪步月色,溪影摇空苍。
山翁隔水语,酒熟呼我尝。
褰衣涉溪去,笑引开竹房。
谦言值暮夜,盘餐百无将。
露华明橘柚,摘献冰盘香。
洗盏对酬酢,浩歌入苍茫。
醉拂岩石卧,言归遂相忘。

正德五年（1510年）初春，王阳明被朝廷起用，离龙场而去。临走时，他写了《客座私祝》和《别诸生》。其中《客座私祝》告诫和勉励学生们要如何做人、做事、做学问，是他在龙场留下的最后一课。从书法上讲，《客座私祝》也是王阳明的楷书代表作。

王阳明在谪居龙场时心态的转变源于质朴善良的少数民族给予他精神的鼓舞和力量，幸于好读书史、通晓大义的安贵荣给予了他物质的帮助和精神的慰藉。

龙场的这段生活经历使他走上了虽然艰难曲折，但是却充满勃勃生机的道路，成了他丰富多彩的人生中的一大转折，从而助力其"心学"体系的最终完成。

王阳明的哲学思想内涵博大精深。其学说理论以"心即理""知行合一""致良知"等命题为主。"心即理"是王阳明哲学理论的基础，也是其立言宗旨。

王阳明的弟子徐爱曾对"至善只求诸于心，恐于天下事理有不能尽"表示有所怀疑。

王阳明当即回答："心即理也。天下又有心外之事，心外之理乎？"这正是南宋陆九渊"宇宙便是吾心，吾心便是宇宙"论的发展。"心即理"的命题并非其独创，而是在继承传统儒家学说基础上加以潜心研究并发展所得。"心即理"即为"宇宙万事万物的本原就是做人的道德准则和事物的内在规律"。

第四章 立下不朽功绩

调任江西庐陵知县

明武宗正德四年(1509年)底,三十七岁的王阳明终于守得云开见明月,他接到吏部的文书,调任江西庐陵县任知县,结束了贬谪生涯。他乘船路过湖南江门崖时写了一首《过江门崖》。从中可以看出,尽管是赴任一个七品县令,曾任六品职位的王阳明却是胸怀无尽的喜悦之情。

除夕之夜,独自一人在途中的王阳明感慨万千,他写下了《舟中除夕二首》。

第一首诗,王阳明看到路上的人们依照当地的风俗团圆过年,而自己和家人远隔千里,他便想念自己的老父亲,希望见到父亲,听父亲的训诫。

第二首诗,王阳明感叹世上不平之事太多,自己心里对隐居的生活有所向往。何况自己的仕途不顺,徒然增长年岁,亲友之间也没有了书信来往,伤感之情在心中不断翻涌。

"江湖未就新春计,夜半樵歌忽起予"是两首诗中最关键的两句。王阳明自从被贬黜以来,辗转各地,漂泊江湖,险些丧命。而他在龙场只是读书学习,研究学问,对于自己的未来并没有规划。此时的王阳明对于未来的仕途的发展并不乐观,毕竟他只是去做一个芝麻绿豆大的知县。

樵歌,就是关于樵夫砍柴的歌。"起予"源于《论语》,孔子经常说自己的弟子"起予",就是给他很多启发的意思。王阳明当

时在船上过除夕,看到别人的团圆和热闹,想到自己仕途失意,身在他乡,远离亲人,心里对未来也没有什么打算,不由得有些迷茫。

用内圣外王的标准来看,这时候的王阳明已经达到了"内圣"的境界,但却没有"外王"的成就,没有建立"事功"。

在那个除夕之夜,王阳明有些苦闷、孤独,忽然听到半夜里有人唱樵歌。虽然王阳明在诗中没有说明樵歌的内容,但我们却可以猜测樵歌的内容应该是积极上进的。一般来说,樵歌言简意赅,大俗大雅,虽然文字简单,却有深意。《西游记》里记载孙悟空寻找神仙学艺,路上听到了樵夫的歌,才有缘到菩提祖师那里学道。

"夜半樵歌忽起予",这一句对于前面王阳明的孤独、失落的情绪来说是一个转折,显示王阳明淡定从容的心态,不再为一时的得失荣辱而心潮跌宕了。

从诗中可以看出,在经历了这么多事以后,王阳明在心理上进一步成熟了。他以一种荣辱不惊、得失无意的心态去看待和处理人生中的事情,真正达到了"不以物喜,不以己悲"的境界。

此后,王阳明沿着沅水乘船东下,经溆浦、辰溪,直达沅陵。沅陵是当时辰州府府治所在地。王阳明在这里短暂停留并讲学,他为沅陵风光所吸引,在龙兴寺写下了著名的题壁诗《辰州虎溪龙兴寺闻杨名父将到留韵壁间》:

　　杖藜一过虎溪头,何处僧房问惠休?
　　云起峰间沉阁影,林疏地底见江流。
　　烟花日暖犹含雨,鸥鹭春闲欲满洲。

第四章 | 立下不朽功绩

好景同来不同赏,诗篇还为故人留。

后来,王阳明有一首《与沅陵郭掌教》的诗专门描述了他从贵州龙场赶赴江西,路过沅陵在虎溪龙兴寺与门人冀元亨、蒋信、唐愈贤等人讲学的情景。他对这次沅陵讲学感到极其欣慰,并在自述中写道:

谪居两年,无可与语者。归途乃得诸友,何幸何幸!

离开沅陵之后,王阳明来到常德并住在潮音阁。第二次到常德的王阳明再次拜访了父亲的同科进士文澍,两人一见面就连续交谈了三个晚上。王阳明逗留半个月舍不得离开,可见两人交情何等深厚。

在两人的谈话中,文澍谈到自己的死,并且要求王阳明在此时为他提前写《墓志铭》。王阳明虽然很佩服文澍的达观的人生态度,但是心有不忍,所以没有答应。后来,在文澍去世后,王阳明写下《文橘庵墓志》。此文被收入了《王阳明全集》。

在常德,王阳明结识了一位很有学问的隐士杨应源。两人虽然有学术分歧,并且在讲学时发生争论,但是并不影响他们成为好朋友。

离开常德后,王阳明给杨应源写了一封感情浓烈的信。信中称自从两人绿萝一别,自己已经摆脱了仕途的烦恼。自己常常投身自然界之中,历览清溪云林,斜阳古驿,芳草天涯,寻找一番幽邃世界。自己闲时读杨应源的近作,其中的诗、词和古文品位很高,无须再把酒阅读《离骚》了。王阳明在信中对宋儒释经进行品论后说:"浮梗薄躯,有时邀恩归里,当访君于桃花流水间,

君其扫开间巷以待。"意思是到了蒙恩退休后,我还会来常德,来桃花源看望老朋友。

王阳明在滞留常德期间,写了《武陵潮音阁怀元明》《阁中坐雨》《霁夜》《僧斋》等诗。离开常德之后,他乘船经洞庭湖,再溯湘江南下,从渌口沿渌水东行。

正德五年(1510年)三月,三十八岁的王阳明抵达江西庐陵就职。庐陵县就是后来的江西吉安,是北宋政治家、文学家欧阳修和南宋政治家、文学家及民族英雄文天祥的故乡。开府办公的第一天,县衙里一下子涌进上千个当地民众,大家齐刷刷地跪在地上,要求新任知县减免赋税。

王阳明了解情况后,得知庐陵县是山区县,本来赋税就很重,这年朝廷还下令庐陵县上贡本地并不出产的葛布,百姓的日子就更难过了。

王阳明认识到这样的情况继续下去,终究会酿成大患。于是,他当即宣布:"诸位父老乡亲,我会将你们的苦情向上级汇报,不仅今年新增的葛布钱不用上交,而且往年欠的所有赋税也全部免了。"王阳明在庐陵县的名声倏然大震。

接着,王阳明发布上任后的第一道告示,要求百姓息讼。庐陵县的民风既淳朴又强悍,老百姓之间只要有点冲突,便要到官府诉讼。虽然诉讼能够处理一些事情,但并不利于调节整个社会风气。

王阳明规定:如果百姓有重大事情一定要打官司,只允许投诉一件事。并且状纸不能超过两行,每行不能超过三十字。凡是不按要求的诉讼一律不予受理,故意违反规定者更要重罚。

第四章 立下不朽功绩

告示发出后,虽然老百姓一片哗然,但是王阳明坚持不受理那些不符合规定的官司。他把工作的重心转向完善地方行政机构。他慎重地选聘了里正三老,由他们负责对当地居民进行劝导,从基层开始移风易俗,纯化民风。经过三老的劝导,百姓们从内心深处感受到官府的确是为他们着想,就不断有人来撤诉。原本堆积如山的案卷逐渐减少,庐陵民风也为之一变。

王阳明设身处地地为百姓着想,百姓的难处就是他的工作内容。他在庐陵县城视察时发现庐陵房屋的建造材料都是木材,房屋间的巷道狭窄,又没有砖墙相隔,一旦失火,那将是灭顶之灾。于是,王阳明要求那些临街民居退后三尺,以拓宽街道来设置防火带,疏散入口。每户出一钱银子,用来为临巷道的房屋建砖墙。

王阳明到任的几个月期间,庐陵都没有下雨。那时候的人都比较封建,于是他吃斋了一个月,停止征税,释放轻罪的犯人。不知是不是他的诚心感动了老天,一个多月后,一场倾盆大雨降临了庐陵。

任何人都看得出,王阳明确实以百姓为重。王阳明在庐陵县只待了七个月。在这七个月里,他一共发布了十六道告示,一举扭转了当地一直未能解决的政事积弊,把庐陵县治理得井然有序。

王阳明在庐陵期间,还有一件事非常值得一提。他曾活捉了一个绰号"王和尚"的强盗。经过审讯,王和尚是一个强盗团伙的三把手。这个强盗团伙制造了很多大案要案,广大百姓对

此深恶痛绝。

王和尚冥顽不灵,面对各种审讯,他强烈抵抗,拒不交代其他两名匪首。王阳明亲自审问他,他也是一副死猪不怕开水烫的架势,说:"要杀要剐随便,就别废话了!"

于是王阳明说:"那好,今天就不审了。不过天气太热,你还是把外衣脱了,我们随便聊聊。"

王和尚说:"脱就脱!"

过了一会儿,王阳明又说:"天气实在是热,不如把内衣也脱了吧!"

王和尚仍然是不以为意:"光着膀子也是经常的事,没什么大不了的。"

又过了一会儿,王阳明又说:"膀子都光了,不如把内裤也脱了,一丝不挂岂不更自在?"

王和尚却一点都不"豪爽"了,慌忙摆手说:"不方便,不方便!"

王阳明说:"有何不方便?你死都不怕,还在乎一条内裤吗?看来你还有廉耻之心,有良知,你并非一无是处呀!"

总有人感叹人心险恶,可王阳明用事实说明,哪怕是罪恶滔天的犯人,其心中也有良知。明白了这一点,就能明白犯人们最需要的不是惩罚,而是感化。这就是慈悲。

总有人觉得自己一无是处,从而自暴自弃。王阳明用事实说明,没有任何一个人是一无是处的,每个人身上都有美好的东西和珍贵的品质。所以,人要对自己有信心,坚信自己的价值。

经过王阳明的一番心灵感化,王和尚良知发现,供出了强盗团伙老大多应亨和老二多邦宰。二人很快被缉拿归案,并且都招供了。王阳明将他们送到了上一级政府。

但是过了不久,王阳明就收到了上级的抗诉信。抗诉信称这件案子是冤案,多应亨和多邦宰是纯粹的良民。之前发生的刑事案件都是王和尚一人所为,而且王和尚已经承认了。上级政府要王阳明重新审理此案。

这案子并不难断。三人作案时的目击者有很多,当时也取证了,而且三人也承认了罪行。如今翻案,只有一种可能,多应亨和多邦宰的家人打点了王和尚,要他一人顶罪。

王阳明不想让罪人逍遥法外,他决心让这三人重新亲口承认罪行。开庭审问前,王阳明叮嘱他的幕僚说:"当审讯进行到一半时,你就来找我,而且你要装作有要事的样子。"幕僚听从了王阳明的计划。

王阳明上堂后将事情原委从头到尾问了一遍。王和尚一口咬定罪行都是他一人所犯,和多应亨、邦宰无关。这时,王阳明的幕僚走进来,说有要事需要王阳明处理,王阳明便离开了。趁着三个罪犯不注意时,王阳明偷偷地钻进了桌子底下。过了一会儿,王和尚见大堂上只有他们三人,就低声向二人说道:"等会儿可能要给你们上刑,只要你们能够忍耐下来,我就能够替你们脱罪。"王和尚话音刚落,王阳明就从桌子底下爬了出来,一面整理衣服,一面微笑地看着惊愕万分的三人。从这个案子可以看出,王阳明绝非一本正经的老学究。处理实际问题,他向来灵活多变。

庐陵是王阳明创建心学后第一次施展才能的地方,效果十

分显著。他在庐陵和弟子聊天时,对自己在龙场的两年时光唏嘘不已,同时也对在贵阳讲"知行合一"的成果并不满意。王阳明对弟子冀元亨说,其实听课的人虽然认同我的"知行合一",但他们还是以科举做官为目的。他们根本没有体悟到"心灵自由"才是人生的真谛。一个人只要把内心的善良完全唤醒,就能体会到圣贤的滋味了。

三人的誓约求学

明武宗正德五年(1510年),安化王朱寘鐇谋反。明武宗诏令起用前三边总制杨一清的总制军务与总兵官神英的军队一起平叛朱寘鐇,并命令宦官张永担任督军。大军未抵达战场,杨一清的老部将仇钺就已经平叛并逮捕了朱寘鐇。

杨一清快马加鞭地抵达镇县,并宣布了皇帝的恩德。张永随后赶到,两人相谈甚欢。杨一清知道张永与刘瑾有矛盾,并趁机握着张永的胳膊称:"此次平叛有赖于阁下的力量。此事容易消除,然而国家内患怎么办呢?"

张永问道:"您指的是什么呢?"

杨一清在张永的手掌上写了一个"瑾"字。张永称,刘瑾的党羽已经遍布各地,不能轻举妄动。杨一清慷慨激昂地称,希望张永借此上疏揭发刘瑾的诸多恶事。

张永继续问:"如果不可行怎么办?"

杨一清出计称:"此话必须从您口中说出。万一皇上不信,你就在地上抱头痛哭,并请求死在皇上面前,剖心以证明此事不是妄论。皇上必然被您的所为而感动。请必须从速而为啊!"

张永听后勃然而起,立刻作了决定。后来,正是按照杨一清的计策,刘瑾被除掉了。杨一清被召还朝,拜为户部尚书,论功加太子少保,并赐予金币。此后,杨一清被改为吏部尚书。杨一清为政通练、性情宽大,出任吏部尚书后,立即为刘瑾所陷害的官

员们平反昭雪。

这时的王阳明在京城述职，居住在大兴隆寺。述职期间，王阳明结识了黄绾。黄绾，字宗贤，又字叔贤，号久庵，又号石龙，比王阳明小五岁，浙江黄岩人。他是侍郎黄孔昭的孙子，继承祖父的封荫做了后府都事的官职。第二天，黄绾由王阳明引见与湛若水相识，三人发誓相约终身共同研究学问。

三个人非常团结，甚至直接影响到了王阳明的人事调动。由于王阳明在庐陵县政绩突出，于是被任命为南京刑部清吏司主事。接到调令，王阳明不得不南下赴任。

这时，湛若水与黄绾商议，向大宰相杨一清请愿，要求把王阳明留在北京。没有想到，杨一清立即答应了请愿。因此，王阳明还未到南京就又收到了朝廷的调令，便回到了京城。

杨一清为什么要挽留王阳明呢？这一方面是因为杨一清与王阳明的父亲王华有交情，另一方面是因为刘瑾刚刚被除掉，阉党的羽翼还没有完全扫清，他需要可以信赖并且能干的人在身边辅助。王阳明所具备的才能正是风雨飘摇的大明王朝所急需的。

正德五年（1510年）十一月，王阳明回京。他的新职位是吏部验封清吏司主事，主要负责文牍杂务等工作，说白了就是负责吏部一些具体事情的实施，如：编写文案、整理杂物、传达上级指示到基层等。这些事情对王阳明来讲驾轻就熟，毫无挑战性。

王阳明是个闲不住的人，刚上任不到一个月，他就去当会试的考官了。不过他不是主考官，只是同考试官。他的上面还有主考官、副主考官，与他一起做同考试官的有十几人。

第四章 立下不朽功绩

一场考试下来,王阳明的学问又显出来了,他升任吏部文选清吏司员外郎,从五品。这时的他一边做官,一边做学问。有一些比他官职大的官员,自认为在学术上比不过他,就拜他为师并自称弟子。

王阳明回京后,与湛若水、黄绾约定,闲余时间在大兴隆寺共同学习。不过约定容易,实行起来其实很难。共同修学,每期能有个七天时间就已经很难得了。

为什么讲究七天呢?这与周易中的复卦有关系。复卦说"反复其道,七日来复"。七天是一个变化周期,西方一星期是七天,佛教也很重视七天一周期。如果共修时间充裕,就按一七、二七、三七、四七、五七等安排时间。而他们三人很难按照这个安排进行学习。

三个人非常珍惜共同学习的时光,饮食起居都在一起。有时为了讨论问题,他们还要采用写信的方式。正德六年(1511年),王阳明给黄绾写了两封信,两封信属于便笺性质。其中一封是前一天晚上他们在一起讨论了很长时间,王阳明觉得意犹未尽,便写了短信。

如此富有人情的交往深深地铭刻在彼此的心中。信奉王阳明心学的黄绾说,他要在家乡的天台山给阳明先生和湛若水各盖一间草堂,三人好在一起共修学问。

正德六年(1511年)冬,湛若水被派遣出使安南。正在圣学稍见曙光之时,湛若水却要离开京师,这必定会给圣学的复兴带来不少障碍。王阳明对此深感忧虑,就在湛若水临出发之际,作了《别湛甘泉序》和《别湛甘泉诗二首》。其中论述了古今学术

的变迁以及两人的学术特色,深切地表达了对难以究明圣学的忧愁,以及对友人的依依惜别之情。

在《别湛甘泉序》中,王阳明叙述了自己立志圣学的过程。在他经受严重挫折时,湛若水给了他许多鼓励。两个人的学问不一定完全一致,但所追求的目标是一致的,这是彼此把对方作为终生之友的重要原因。

在《别湛甘泉诗二首》中,王阳明表达了对友人依依不舍的感情。特别是"迟回歧路侧,孰知我心忧",以及"南寺春月夜,风泉闲竹房。逢僧或停揖,先扫白云床"两句,其情意仿佛就浮在眼前,不难体会其切切深情。

湛若水离开了北京,黄绾也要请病假回家乡休养。王阳明在《赠别黄宗贤》诗中写道:

> 古人戒从恶,今人戒从善。
> 从恶乃同污,从善翻滋怨。
> 纷纷嫉媚兴,指谪相非讪。

从诗中可以看出,明代中期的社会风气已经变坏了。不久,王阳明又改任南京太仆寺卿,三位同学好友从此天各一方。正德九年(1514年),他又升任南京鸿胪卿。这一年,他为老朋友汤礼敬写了《寿汤云谷序》,回顾了他们一起在茅山游玩的经历。

到赣南平定民变

兵部尚书王琼对王阳明的才华十分赏识。明武宗正德十一年(1516年)八月,在王琼的推荐下,王阳明被提升为都察院左佥都御史,巡抚南安、赣州、汀州、漳州等地,其主要任务是平定当地的民变。

明朝正德年间,皇权日益衰弱腐朽,朝政也日益腐败,社会矛盾日益尖锐,百姓处于水深火热之中,各地农民纷纷造反。特别是位于江西、福建、广东交界地区,绵亘数百里的大帽山,广大的穷苦百姓不忍官府压榨勒索,聚众反抗。民军攻占瑞金,杀死知县万琛,屡挫官军,声势很大。

正德七年(1512年),明王朝南赣巡抚周南征调集闽粤赣三省兵力,亲督副使杨璋等合围民军。民军首领张时旺、黄镛等战死,何积钦率军突围。不久,江西总制陈金率军赶至,杀死何积钦,民变暂告一段落。

正德十年(1515年),詹师富又率众造反。横水、左溪、桶冈的谢志珊,浰头的池仲容,大庾的陈曰能、乐昌的高快马、郴州的龚福全等人也纷纷响应,率众造反。他们遥相呼应,攻占各处府县。

正德十二年(1517年)正月初三,王阳明从南昌出发,沿赣江而上前往赣州赴任。在离别时,面对妻子哀怨的眼神,王阳明愧疚不已。诸氏嫁给自己,不求荣华富贵,但求朝夕相守。而自

己踏入仕途身不由己,每次外出都是生离死别,让人肝肠寸断。王阳明向妻子承诺,若是自己能够安全地回来,定会与她长相厮守,永不分离。

正月十六日,王阳明正式升帐开府,行使南赣巡抚职权。上任后的王阳明首先推广"十家牌法"。要求每户人家在门口悬挂一块木牌,上面写清楚本户姓名、人口数目、籍贯、有无暂住人员等基本情况;每十家为一个基本单位,也有一块木牌,上面写清楚十户人家的户主姓名、家庭人口和籍贯等基本信息,从而切断山上民军与山下居民的信息交通,确保军事行动的机密性和有效性。

原先的平乱都是请朝廷派遣大军进行镇压,既费时又耗资,还要残酷地杀戮民军。王阳明下令从各县招募十余人,组成一支精练机动的武装队伍,可以随时调遣。地方上则从原有军队中挑选三分之二的精壮士兵,用作地方的保卫。这样的部队精简了很多,实际作战能力也加强了。

王阳明到任后,听闻官府中有人是民军的耳目。在行兵之前,他仔细观察并发现当地衙门里有一个老吏很奸诈。几番考量之后,他断定此人是民军安插在官府的密探。于是,王阳明私下把老吏叫到卧室,加以盘问。

老吏见隐瞒不过,如实交代了民军的情况。王阳明赦免了他的罪过,让他侦探民军的情报。掌握了民军的动向后,王阳明部署了作战方案。王阳明分析了历次作战失败的原因,认为其中重要的一个原因是境内各路民军互通消息,互为犄角。为此,他认为必须孤立、分割各民军,于是制定了"远交近攻"之策。他命令福建、广东会兵一处,首先讨伐大帽山的詹师富。

正德十二年(1517年)正月,王阳明亲自率领精锐在上杭屯兵,出敌不意地进攻。他率兵连破四十余寨,斩杀、俘获七千多人。此后,王阳明向朝廷上疏称,他权力太小,无法有效地命令将士。王琼也上奏声援王阳明。于是皇帝赐予王阳明旗牌,以便宜从事。

王阳明在福建汀州、漳州用兵的时候,其他各地的民军乘机作乱。王阳明把这些情况写成奏疏,呈报皇帝。皇帝即下圣旨给王阳明:

> 命尔巡抚江西南安、赣州,福建汀州、漳州,广东南雄、韶州、惠州、潮州各府,及湖广郴州地方。但有盗贼生发,即便设法剿捕。钦此!

王阳明立即命令各道守巡、兵备、守备等官,严督府、卫、所、州、县掌印捕盗等官,聚集乡兵,以及雇募打手、杀手、弩手等,在民军出没之处严加防御。遇有民军,就相机抓捕。

三月,当王阳明在漳州大帽山亲率士卒围剿詹师富的战事正急的时候,他接到西线南安府南康县县丞舒富的急报。急报称左溪民军首领谢志珊约会广东民军首领高快马等,大肆进攻南康。

南康县城南临章水,北枕旭山,处于南赣平乱的核心位置,容不得半点闪失。谢志珊趁王阳明忙于东线战事并无暇西顾之际,偷袭南康,妄图打下县城,据城为寨,并向东策应大帽山詹师富作战。

王阳明接报后，急令南安知府季斅急救南康，与南康县丞舒富合应解围。在残酷的攻防战进行了整整的七天七夜之后，官军取得了重大胜利。

正德十二年（1517年）四月，王阳明征剿福建漳州大帽山等处的民军并获得成功，经雩都回师赣州，他开始部署征剿左溪、横水、桶冈的谢志珊民军。

左溪地处赣州西南，是广东、江西、湖南三省交界处，有"鸡鸣三省"之称，属崇义县横水镇。在明代，左溪是赣州通往湖广、广东及福建的重要通道。左溪位于横水西南，境内多山，森林茂密，地势险要，气候宜人，有九曲十八洞，五六千居民。居民们散居在各山寨、山洞中，平日过着刀耕火种的生活。他们中有一部分人昼则下山耕种，夜则各遁山寨为贼。较有名的山寨有观音山、湾背、香炉坝等，其中大寨连小寨，洞中有洞，各自相连，互为犄角。这伙民军经常沿着官道外出抢劫。

正德三年（1508年）四月，谢志珊、肖贵模等人在左溪、横水等地形成了民军集团。他们依托左溪便利的交通官道和易守难攻的地形地势，吸引周边的流民加入其中。

他们在当地建有大小山寨八十一个，修建了大小藏兵洞十八个，并建有校场、瞭望台等军事设施。谢志珊号称"盘王"，封赏大小头目一百二十八个，与广东、福建、湖广的民军遥相呼应。

为了避免广东三浰民军乘虚骚扰，王阳明事先对三浰民军采取了安抚策略，发布了《告谕浰头巢贼》。他言辞恳切，动之以情，晓之以理，吓之为威，并赏赐银两和布匹于三浰民军。

针对敌情，王阳明向皇帝提出江西、广东、湖广三省夹剿民军的请求,并在给皇帝的奏疏里分析了形势,提出了先进攻横水、左溪,再移兵进攻桶冈的建议。他的建议得到了皇帝的许可。

当一切都部署妥善之后,王阳明决定开始发起进攻。在战前部署会议上,王阳明对战斗进行了总体战略计划。他认为"诸巢为患虽同,事势各异。以湖广言之,则桶冈诸巢为贼之咽喉,而横水、左溪诸巢为之腹心。以江西言之,则横水、左溪诸巢为贼之腹心,而桶冈诸巢为之羽翼。今不先去横水、左溪腹心之患,而欲与湖广夹攻桶冈,进兵两寇之间,腹背受敌,势必不利。今我出其不意,进兵速击,可以得志。已破横水、左溪,移兵而临桶冈,势如破竹矣"。

战略部署一经确定,王阳明立即兵分十路,进剿民军。十月初七,乘着月色,十路大军同时进发。初九,王阳明率领的中路军挺至南康。

初十,王阳明的中路军屯驻至坪。他派遣前哨兵四路分别侦探民军情况。不出王阳明所料,民军果然以为官兵必先攻桶冈,而桶冈天堑一时难以突破,民军自觉高枕无忧。虽然其他各据点的民军进行了一些准备,但没有引起他们的高度重视。

十一日中午,王阳明率军至横水三十里的地方便号令停止前进。王阳明叫兵士伐木立栅,开辟壕沟,并设置探望敌情的土堡,给民军做出长久驻军的假象。

当天夜里,王阳明命令报效听选官雷济以及民军投诚的头目萧庚分别率领善于登的乡兵及樵夫四百人,各人手执一旗,带着铳炮钩镰等兵器,抄小道攀悬崖绝壁而上。在远处和近处的高山顶上俯视民军据点,设立旗帜,备好数千处茅草,等到官兵

差不多已全部到了险要处,则放炮燃火,遥相呼应。

十二日凌晨,王阳明亲率中路军进攻十八面隘,指挥官兵呼喊鼓噪,铳箭齐发。民军据险迎战,突然间听到远近山顶炮声如雷,烟焰四起,不由惊慌失措。他们以为官兵已经全部进入,并攻破了他们的据点,于是放弃了险要据点,仓皇逃窜。王阳明派遣千户陈伟、高睿,分别率领壮士数十名,缘崖争夺天险。官兵乘胜前进,呼声震天动地。王阳明指挥谢昶、冯廷瑞领兵,由间道先入,焚烧民军的据点。民军退而无所据守,于是大败奔溃。于是,官兵先后攻破长龙、十八面隘、先鹅头、狗脚岭、庵背、白蓝、横水等据点。

经过连续进攻,各路军都非常疲乏,而且天色已晚,不能再战,王阳明便号令大军就地屯扎。第二天,遭逢大雾,能见度极低,一连几天都是这样,于是王阳明号令各营休整军队,赏食士兵。同时,他又派遣向导数十人分头去刺探被击溃的民军的动向,寻找是否还有未被击破的民军据点。

十五日,各路刺探回报:"各路'贼兵'已分开阵势,预先于各山岭绝险的崖壁,立有栅寨,为退而自保之计;而聚集在未破的据点的'贼兵'都认为官兵不可能马上能到,有所松懈,其粮草也还没有来得及搬运。如果官兵立即四散追击,可以大获全胜。"

王阳明召集将佐制定方略。他说:"我们预定十一月初一进攻湖广。目前看来此事已经迫在眉睫。此去桶冈百余里,山路险峻,人马难行,要三天时间方能到达;如果对此地的'贼兵'围而不克,而移兵桶冈,必然前后顾瞻,分散兵力和精力,显然不行。

于是,王阳明令各营皆分兵为奇、正二哨,一攻其前,一袭其后,冒着浓浓大雾,快速前进,接连攻破稳下、李家、丝茅坝、朱雀坑、黄竹坳、观音山、长河洞等据点。

这时,池仲容派其弟池仲安率领老弱病残二百人前来投诚。他们明为投诚,实则打探官兵虚实,可在适当时机作为内应。王阳明对此心知肚明,可是表面不动声色,并给予安抚和犒赏,而且同意其参加进攻桶冈的战斗,以此麻痹三浰民军。从而为征讨横水、桶冈争取到有利的形势。

王阳明深知浰头民军并不能完全信任,所以在战斗中为了不让其与老巢有联络的机会,就将这二百人派到了一个远离浰头方向的地方。王阳明成功的"伪装"为征剿横水、桶冈的民军解除了后顾之忧,并为他最终完成平定浰头的战役争取了时间。

二十七日,各营官兵建议王阳明乘胜进攻桶冈。王阳明说:"桶冈天险,四面青壁万仞,中盘百余里,连峰参天,深林绝谷,不睹日月。桶冈所产早谷、红薯、豆类等农作物,足以供养。以往也曾经夹攻,但坐困数月,不能俘其一兵一卒,最后不得不以招抚为名而罢兵。今天我们攻击桶冈,要吸取教训,出奇制胜。"

王阳明向当地人仔细地了解桶冈的地理环境。根据所了解的情况,他分析认为桶冈易守难攻,而且此时涌入了很多败退的民军,其力量强大。而官兵长途跋涉,已经非常劳累,不如移屯近地,休兵养锐,振作声威。同时,他派人告之敌人祸福以涣散对方军心,迫使敌军自动来降。如果有不从的民军,乘他们犹豫的时候再袭击,也一定会大获全胜。于是王阳明把原来与民军暗通

的官军李正岩、医官刘福泰叫来,要他们戴罪立功。王阳明命令他们与原来擒获的民军小头目钟景一起,于二十八日夜从悬崖峭壁进入民军驻地劝降。

王阳明一方面派遣南康县丞舒富率领数百人屯于锁匙龙之地,促使对方出降;另一方面他派遣知府邢珣带兵进入茶坑,知府伍文定带兵进入西山界,知府唐淳带兵进入十八磊,知县张戬带兵进入葫芦洞,并要求皆于三十日乘夜到达各自的进军目的地。

由于天降大雨,各路官兵行动受阻。十一月一日早晨,各路官兵冒雨急进。民军首领蓝天凤就锁匙龙的守御问题聚众商议,闻知官兵多路已经进入险要部位,顿时惊慌失措。于是,他驱赶男男女女千余人占据内隘绝壁,隔水为阵,以拒官兵。

知府邢珣之兵,渡水前击;张戬之兵,冲其右边;伍文定之兵,自张戬之右悬崖而下,绕民军旁边进行攻击。民军支持不住,且战且退。

县丞舒富和知县王天与听说前山官兵已经进入民军地界,也率兵从锁匙龙登山进入民军驻地。各路官兵乘胜擒拿斩杀了许多民军头目,于是民军全部向十八磊奔逃。知府唐淳领兵驻扎通往十八磊的路上,严阵以待。这时的天色已晚,民军扼险与官兵对峙,官兵只得暂时停止攻击。

初二的早晨,王阳明率领各路官军再度合并夹击。开战不久,民军大败。官军趁势攻破民军的桶冈等主要据点,接着又攻破梅伏、乌池、西山界、锁匙龙、黄竹坑、太王岭等小据点,官军大获全胜。

王阳明率领官兵荡平了为患数十年的民军。纵观这次平定过程,王阳明从出谋划策、战略制定到亲自指挥战斗,充分体现了他过人的军事才能。

在整个南赣平乱的战略战术中,左溪之战可以说是关键之战、经典之战。此战体现了王阳明精兵强悍、便宜行事的军事思想。王阳明不打无把握之仗、充分发挥心理战术、重视对民军进行劝诱。他采用了化整为零、避实击虚、攻其不备的军事策略。在战役中,王阳明灵活运用了孙子兵法"三十六计"中的远交近攻、声东击西、以逸待劳、树上开花、瞒天过海、上屋抽梯、反间计等战术。

左溪之战结束后,王阳明前往左溪阅兵,并提出了"破山中贼易,破心中贼难"的重要思想。他认为要通过王道德政、风俗教化等方法,使"贼人"从心向善,才能从根本上消除匪患。

清剿池仲容集团

盘踞在广东惠州龙川三浰的池仲容集团是众多民军中较大的一支队伍。他们以"劫富济贫"为口号,以红色"蜈蚣"为旗帜,以红布扎头为标志。池仲容自称"金龙霸王"。

民军以浰头为大本营,有严密的军事组织和严格的军事纪律。他们在浰头曲潭村千斤担一带开荒种地、屯兵耕活、炼铁铸器、以此保证供给。

明武宗正德年间,池仲容领导的民军先后攻打龙川、翁源、始兴、会昌等县城。明王朝曾经调集数万官兵围剿,惨败于民军。从此,"金龙霸王"威震四方、威慑朝政。

正德十三年(1518年)正月,王阳明一方面统调两广、福建、江西诸省兵力,准备对池仲容集团进行围剿,另一方面对其施以招安,瓦解其斗志。

为了安抚三浰民军,争取池仲容的信任,王阳明赞赏了池仲容民军在平定桶冈战役中的功绩。他派人前往三浰民军总部将牛羊、酒水赏赐各寨酋长,以稳其心,以察其变。

为了成功实施"擒贼擒王"的计策,王阳明必须取得民军首领池仲容的信任,打消他的疑虑,诱使他亲赴赣州城。于是王阳明与早已投诚的民军首领卢柯共同演绎了一出"苦肉计"。

王阳明假装当众怒斥卢柯捏造事实诬告浰头民军,随后将卢柯捆绑,投入监狱,并声称将其处死,从而表现了朝廷招抚的诚意。王阳明的"苦肉计"成功地麻痹了在王阳明手中的池仲容的弟弟池仲安。通过池仲安的传达,终于让池仲容放下了戒心。这个计策为成功实施抓捕池仲容创造了必要的前提条件。

在擒拿池仲容的过程中,王阳明充分运用了"笑里藏刀"的计策。他趁过年之际,有意张灯结彩、舞龙舞狮、观灯、看大戏。然后,他把池仲容当作已经归降的部下来对待,奖赏了其很多钱物。

池仲容为了答谢朝廷慰劳,便带领始兴、陈虞等大小首领以及百余老弱残兵前来道谢。当他来到赣州城时,看到过去聚集在大小校场操练的民壮已经遣散了,城里到处张灯结彩,一派喜庆气氛。他便将众人留在外面,自己只带几个人来见王阳明。

王阳明非常客气地说:"都是我的好百姓,怎能过门而不入,把他们都请进来,我要好好招待你们。"

当池仲容在十二月二十五日提出返回浰头的要求时,王阳明称回去的路程需要八九天时间,已无法在年底前赶回了,不如过完年再回去。同时,为了安抚其心,解除他的戒心,王阳明派人白天陪同他在街市游览,晚上教其礼节,并每日大设宴席。

在新年这天,池仲容再次提出返回浰头的请求,王阳明已经没有借口拖延,于是提出于正月初三在祥符宫设宴为他们践行的想法。在正月初二的夜里,当池仲容安然入睡后,王阳明便派兵将他和他的一行人马斩杀了。

此后,王阳明发动了对民军总部的进攻。他们对民军眷属和村民封锁了池仲容被杀和卢柯叛变的消息,指使卢柯传

话称民军首领已经归顺朝廷,官府为了表示奖赏,决定给民军眷属和村民每人派发半斤猪肉和两斤大米,让全村男女老少吃完晚饭到离大本营约二里路程的黄江围大围屋内领取。

因为民军眷属和村民不知道卢柯已经叛变,就把卢柯的话当真了。吃完晚饭后,他们陆陆续续来到黄江围,并被要求陆续从前门进、后门出。然而,他们却没有一个人能从后门走出来。

三浰总部群龙无首,王阳明正式发动了浰头战役,终于攻克上、中、下三浰。各民军团伙纷纷退入九连山,占据有利地形,负隅顽抗。王阳明为了避免官兵更大的伤亡,决定智取而不强攻。

考虑到当时民军已经无法组织有效的反击,而且内部已经出现混乱,王阳明决定利用这个弱点。于是,他挑选了七百名精锐官兵,穿上民军的衣服,假装溃退逃跑,趁着夜色直接奔到民军所占据的悬崖之下并沿着小道前往崖顶。

民军以为是各寨溃逃的人员前来汇集,就帮着拉上悬崖。官兵通过险地后,顺势占据有利天险,断其归路。第二日,民军恍然大悟,试图夺回阵地。因为官军已占得地理优势,从上击下,民军终不能支。王阳明令各哨官兵四路设伏以待。官军斩民军首级无数,俘获民军以及牛马器械不可胜数。浰头战役大获全胜,池仲容集团被彻底剿灭。

教化赣南百姓

明武宗正德十三年(1518年)四月,三浰民军团伙被剿灭后,王阳明在班师途中路过了太平堡。自古以来有说法,"太平堡太平,天下太平"。太平堡有一个村子叫杨村,杨村远离县城,位于九连山麓,山多田少。那里的山民多不能自足,因此世代多有乱民出现。

了解到这些情况后,王阳明大为感慨,贼与民之间当真只是一道坎啊!内心有良知则为民,内心失良知则为贼。如何将山贼转化成良民呢?王阳明开始认真地思考这个问题。

王阳明认为,破心中贼必须从教化百姓入手。如何教化百姓呢?王阳明在各地区交接处设立县治,在关隘处设立巡检司,同时恢复乡约制度,让德行好的长者负责教化当地百姓。他还创办书院、兴社学,通过教育来保障当地的长治久安。

王阳明认为"民风不善,由于教化未明",治本的办法是昌明政教。他强调综合治理,反对不教而诛。每平定一方,他就请求皇帝建立巡司或县级政权。在赣南一共新增了三个县,分别是平和、崇义、和平。这三个县的名字符合了儒家的理念。

为了加强基层权力的密度和强度,以便加大皇权的长度,保证百姓生活在国家的怀抱里,王阳明恢复了早已废除了的明太祖洪武年间订立的乡约制度。以该制度管理乡民的日常生活,保持基本社会公正与礼仪生活秩序,教化子弟改恶从善、积极向上。

王阳明希望通过《南赣乡约》建立一个由官府主导督促,由民众参与管理的乡村治理模式。当时的南赣风气焕然一新,民无重赋,家有田耕,城镇乡村,一派清明。

王阳明大力推行书院教育和社学。书院教育主要面向士大夫阶层。在赣南,王阳明以古本《大学》为基础教材,结合自己的"致良知"与"知行合一"学说,亲自设帐讲学。赣州通天岩、雩都罗田岩、龙南玉石岩、瑞金县学、南安府学等许多地方,都留下了王阳明讲学的身影。

王阳明的教学方法非常灵活。在赣州通天岩讲学期间,他听说广福禅寺有一僧人坐禅闭关三年,终日闭目静坐,一语不发,不视一物,于是前往探访。

王阳明笑了笑,就绕着和尚走了几圈,像道士捉鬼似的作法,最后在和尚面前站定,看准了和尚,冷不防地大喝一声:"这和尚的口终日说些什么?眼终日看些什么?"

不知是王阳明的禅机触动了和尚,还是王阳明的大嗓门惊动了和尚。总之,和尚惊慌地睁开眼,"啊呀"一声,对王阳明作礼说:"小僧不言不视已经三年了。施主却说我的口在说,我的眼在看,这是什么意思呢?"

王阳明说:"你是哪里人,离家多少年了?"

僧人回答:"我是广东人,离家十多年了。"

王阳明说:"你家中亲族还有何人?"

僧人回答:"只有一个老母亲,不知道是死是活。"

王阳明再问:"想念她吗?"

和尚不语。四周一片寂静,静得能够听到和尚头上汗水流淌的声音。最后,和尚打破这一死寂,用一种愧疚的语气回答:"怎能不想念啊!"

王阳明说:"你虽然终日不言,但是心中已经在说。虽然终日不视,但是心中已经在看。"

僧人猛然省悟,合掌说:"施主妙论更望开示。"

王阳明说:"父母天性,岂能断灭?你不能不起念,便是真性发现。虽然终日呆坐,却徒乱心曲。俗话说:'爹娘便是灵山佛。不敬爹娘,敬什么人?信什么佛?'"

王阳明说罢,僧人不由得大哭说:"施主说得极是。小僧明早便归家看望老母亲。"

第二天,王阳明再探访静坐三年的僧人。其他僧徒告诉王阳明,那个僧人已于午夜时分挑着行李回家乡了。

顺应自己的本性,顺从自己的良知,这样才是人,才合道。绝不是要从别处求一个凌驾于人心万物的道。那也不是道,是妄。

王阳明对自己的弟子说:"人性本善,在这个僧人身上就可以得到检验。好好生活,好好做人,听到自己内心善的声音,听从自己内心的良知召唤,也就够了。"

王阳明在通天岩与自己的弟子以诗文唱和,留下了许多诗篇,其中一首便刻在通天岩石窟忘归岩的石壁上,诗云:

> 青山随地佳,岂必故园好?
> 但得此生闲,尘寰亦蓬岛。
> 西林日出暮,明月来何早!
> 醉卧石床凉,洞云秋未扫。

此诗被人们广为流传,后来引得文人墨客接踵唱韵。

王阳明在南赣大力推行学院教育。正德十三年(1518年)九月,他整修了城内的濂溪书院。濂溪书院本是为了纪念北宋理学家周敦颐在虔州讲学而创建,此时成了王阳明讲学的地方。后来,清末赣州知府王藩在郁孤台下重建这所书院,他为了纪念王阳明在赣南的卓越贡献,正式将书院更名为阳明书院。

王阳明举办书院得到了许多人积极响应。其中的赣州知府邢珣和赣县知县邹守益最为积极。由于南赣巡抚衙门与赣州府衙、赣县县衙同城共治,他们两人便成为王阳明南赣活动期间的得力助手。

特别是赣州知府邢珣,王阳明对他礼遇有加。邢珣提出的建议,王阳明也多有采纳。邢珣在王阳明指挥的历次战役中都是重要的辅佐者。王阳明指示整修濂溪书院,邢珣也是直接实施者。换句话说,邢珣是王阳明在南赣立下"文治武功"的最好的见证者与参与者。

王阳明的大弟子邹守益出于对邢珣的尊重,在多年以后,把邢珣像摆进虔州报功祠配享王阳明,并写《虔州报功祠配享记》专门记载此事。

王阳明主政南赣期间,邢珣受其命在赣州府城中一次性地创立了五家书院。据记载,这五家书院:"东曰义泉书院,南曰正蒙书院,西曰富安书院、镇宁书院,北曰龙池书院。"

从此,以中心城市带动县里乡村,以正规书院带动民间社学的办学方式席卷了整个南赣地区。在此情形下,江西省内外许多学者纷至沓来,以至形成了之后著名的"江右王学"。

在王阳明主政期间以及之后的较长时期内,赣州、南安二府各县邑涌现了不少书院,如雩都龙溪书院、罗田岩濂溪书院、龙门书院、雩阳书院,信丰桃溪书院、壶峰书院、崇正书院,兴国安湖书院、鸿飞书院、长春书院、南山书院,会昌湘江书院,安远濂溪书院、太平书院,上犹兴文书院、东山书院等。

如果书院主要是士大夫阶层的学习场所,那么社学则是为普通百姓提供的教育场所。明朝初年,朱元璋曾下令"天下五十家立社学一所",然而这一制度并没有很好地贯彻落实。

王阳明在平定三浰民军团伙后,积极地推动南赣地区社学的建立。为推广社学,他颁发了十余道牌谕。其中专为南安、赣州两府所颁发的牌谕就有《兴举社学牌》《颁行社学教条》和《行雩都县建立社学牌》三块。

第一块牌谕是正德十三年(1518年)四月颁发的《兴举社学牌》。王阳明认为当时赣州的社学乡馆还不规范,没有为弘扬良好的社会风尚发挥应有的作用。他认为当务之急是提高教师的待遇,形成尊师重道的风尚,他要求地方官府带头执行。这种以官府名义设于乡社间的学校要求官府承担校舍建设、师资费用等,并对入学生员给予免差役的待遇以及一定的学资补助。这种官办社学在赣南昌盛一时,几乎每个县邑的人口主要聚居地都建有社学。

第二块牌谕是《颁行社学教条》。该教条再次强调要对延聘的教师礼貌优待。王阳明对教师也提出了要求,他希望教师对学生要尽心训导,最终使教育达到"使礼让日新,风俗日美"的

目标。

第三块牌谕是《行雩都县建立社学牌》。王阳明为什么专门为雩都建立社学颁发一道牌谕呢？这是因为在雩都罗田岩，王阳明有一大批弟子，他们中的好几位都成了王阳明得力的谋士。有感于雩都文化学者之昌盛，王阳明决定在县邑多层次推行社学。

此外，王阳明还颁行了《教条四则》《议俗文四首》《社学训蒙大意》等文，对百姓进行教化。他指出教育学生"惟当以孝、悌、忠、信、礼、义、廉、耻为专务"；有关教育的方法应当是通过咏诗唱歌来激发学生的志趣。引导他们学习礼仪，借以严肃他们的仪容；教导他们读书，开发他们的智力。这些教化理论的提倡和措施的颁行，对于南赣的民风和客家文化的形成，产生了广泛而深远的影响。

王阳明家规的核心是良知教育，主张"蒙以养正"。王阳明把勤读书、早立志、学做人、做好人作为家规教育的重中之重。由于长年在外为官和征战，家书成为王阳明开展家族教育的主要方式。

王阳明把家规理念运用于社会教育，以家族历代传承的家规理念和毕其一生的心学研究为基础，向王学弟子们和赣州百姓广授教育树人之道，倡导文明礼仪乡风，被后人誉为"百世之师"。

王阳明在赣南推行书院与社学，教化了当地百姓，改易了好斗逞凶的民风民俗，使南赣风气为之一变。后来的南赣客家人普遍热情好客，知书达理，这或许与当年王阳明的善政不无关系。

第四章 | 立下不朽功绩

平定宁王叛乱

明武宗正德十四年(1519年),宁王朱宸濠发动叛乱。朱宸濠是明太祖朱元璋五世孙,明孝宗弘治十二年(1499年)袭封宁王。他平日非常骄横,随意幽禁、驱逐、屠杀地方文武官员和无罪百姓,强夺官民田产,并劫掠商贾,窝藏盗贼。

朱宸濠早有异心,他曾贿赂太监刘瑾及佞臣钱宁等,令其恢复已经裁撤的护卫制度以便他造反。他自称皇帝,把自己的命令称圣旨,并把一些江洋大盗招入府中以扩充势力。

朱宸濠的谋反迹象暴露无遗,然而官员惧怕宁王的权势,均不敢声张。只有江西兵备宪副胡世宁明知揭露这件事将会危及身家性命,依然冒死向明武宗上疏,把宁王朱宸濠的劣绩一一列举,并指出宁王谋反的迹象已经非常明显,希望朝廷早做防备。

宁王朱宸濠大怒,决心置胡世宁于死地。他买通了朝中的右都御史李士实、左都御史石玠。于是,这二人上疏诬蔑胡世宁轻率狂妄,应当治罪。朱宸濠也奏报胡世宁离间皇亲之间的关系,妖言诽谤。

昏庸的皇帝轻信了这些诬蔑,将胡世宁打入大狱。胡世宁在狱中受尽折磨,仍然三次上书,进一步揭露宁王朱宸濠的逆行。朱宸濠非常惊慌,于是重金贿赂、胁迫相关官员尽快把胡世宁定成死罪。幸亏有谏臣程启充仗义执言,胡世宁才免于一死,被发配到了辽东。

朱宸濠一方面剪除异己，另一方面四处拉拢文武官员和文人名士，王阳明被朱宸濠列为收买对象。朱宸濠宴请王阳明。在席间，朱宸濠的谋士李士实首先挑起话题，以"汤""武"来隐语"革命"。王阳明认为朱宸濠缺乏伊尹、吕尚这样的谋士大臣。朱宸濠按捺不住，坦言只要敢于"革命"，就一定会有伊尹、吕尚的辅佐。王阳明则反诘，如果真有伊尹、吕尚的辅佐，害怕什么伯夷、叔齐呢？

王阳明在获知朱宸濠将来定会谋逆之后，并未向皇帝立即汇报，而是派遣弟子冀元亨前去劝说，希望宁王放弃叛乱的图谋。在劝说无效的情况下，冀元亨便成为王阳明安排在宁王身边的卧底。

当冀元亨确定宁王要叛乱的时候，他便通知王阳明。不过，为了防止宁王疑心，冀元亨并未回到王阳明身边，而是回到了家乡常德。正是由于冀元亨的秘密通知，王阳明才能提前安排平叛的准备工作。

右副都御史孙燧巡抚江西时，朱宸濠叛逆的情况已经大为显露。南昌人议论纷纷，说朱宸濠很快就会得到天子之位。孙燧对朱宸濠陈说大义，但是朱宸濠不知悔改。孙燧知道向朝廷投诉没有什么作用，于是假托要抵御贼寇，预先做好了应付朱宸濠叛逆的准备。朱宸濠发现孙燧正在谋划对付自己，就派人贿赂朝中大臣，企图赶走孙燧，并送给孙燧枣梨姜芥，以此威胁他"离开疆界"。孙燧只好隐忍以待。

朱宸濠企图把自己的儿子作为明武宗的嗣子，以便夺取皇位。太监张忠、御史萧淮等人先后向武宗皇帝告发朱宸濠之罪行。这时的武宗皇帝有些相信朱宸濠有意造反的事情,便下旨收回了宁王的护卫,并命令他归还强夺的田地。

朱宸濠接到皇帝的命令后,便决意造反。正德十四年(1519年)六月十三日是朱宸濠的生日,他决定宴请镇巡的所有官员。第二天,孙燧及其主要属官进入朱宸濠的家,立即被朱宸濠埋伏的士兵抓捕杀害了。

朱宸濠自称皇帝,年号顺德,以退休的都御史李士实、举人刘养正为左右丞相,以参政王纶为兵部尚书,聚集号称"十万大军"的兵丁,发布檄文,声讨朝廷。并命令其将领闵廿四等攻占九江、南康等地。

七月初一,朱宸濠留宜春王朱拱樤、内官万锐等人镇守南昌城。他自率十万水师,千艘战船出鄱阳湖,顺江东而下,攻打安庆,指向南京,准备攻下南京并夺取帝位。

消息传到北京后,朝中大臣震惊不已,只有王琼十分自信地说:"王伯安在江西,肯定会擒获叛贼。"

当时,王阳明正奉朝廷之命前往福建平定三卫官兵叛乱,行至江西吉安与南昌之间的丰城时,忽然得到朱宸濠起兵谋反的消息。他立即赶往吉安,募集义兵,发出檄文,出兵征讨。

宁王朱宸濠十年密谋叛乱,势力很大。王阳明手上没兵,双方力量悬殊。听闻当前情势危急,乡人都纷纷劝说已经在家隐居的王华赶快离城避难。

王华说:"吾儿能够弃家杀贼,吾乃独先去以为民望乎?祖宗德泽在天下,必不使残贼覆乱宗国,行见其败也。"意思就是说,我的儿子放弃家庭为国杀贼,我怎么能先行离开呢?大明祖

宗的德行遍布天下，敌寇绝不能颠覆国家政权，他们的叛乱一定会失败的。这位伟大的父亲坚信儿子必能平定叛乱的决心，无疑成为王阳明战胜对手的强大精神动力。

面对严峻的形势，王阳明分析说："倘若宁王大军直奔北京，那么社稷就危险了；若宁王攻击南京，那么江南一带都将受其害；如果他守着江西，那么平乱就方便了。"

王阳明平定盗贼后兵符已经上交兵部，手中无兵，他便在袁州聚集各府县士兵，征调军粮，制造兵械船只。王阳明运用疑兵之计，他四处张贴告示，称官府早有准备，已经发动各路大军攻打南昌。他还用反间计，假造宁王手下为官府内应的书信。

王阳明假装传召各地准备到江西征讨，在南昌到处张贴假檄迷惑朱宸濠，声称朝廷派了边兵和京兵共八万人，会同自己在南赣的部队以及湖广、两广的部队，号称"十六万大军"，准备进攻宁王的老巢南昌。

为了争取时间集结军队，王阳明伪造了答复朱宸濠手下重臣李士实和刘养正投诚的书信，又伪造了朱宸濠手下指挥官们的投降密状。然后让人去与朱宸濠的朋友相谈，在会谈结束后故意把这些公文遗落。这些伪造的公文自然统统到了朱宸濠手里。

有地方官员对王阳明的这些计谋不以为然，就问王阳明说："这有用吗？"

王阳明不答反问："先不说是否有用，只说朱宸濠疑不疑？"

有官员不假思索地回答："肯定会疑。"

王阳明笑道："他一疑,事就成了。"

事情果然如王阳明所料。此时的李士实、刘养正二人正在劝朱宸濠进兵南京,而朱宸濠大疑,犹豫不定。这为王阳明筹集兵马赢得了宝贵的时间。

十多天之后,宁王发觉上当了,探知朝廷根本没有派那么多的兵。他便仅留万余兵马驻守南昌,自己率六万主力军队沿江东下,攻下九江、南康两城,逼近安庆,窥伺南京。

对此,王阳明采取了"围魏救赵"的战术。当时有人建议王阳明前往救安庆。他不肯,并分析说:"如果救安庆,与宁王主力相持江上,而南康和九江的敌人就会乘虚攻我们后背,我们将腹背受敌。而我们直捣南昌,南昌守备空虚,我们的军队锐气正足,必可一举而下。宁王必定回救,到时我们迎头痛击,肯定会取胜。"

于是,王阳明安排少数兵马在安庆与宁王的部队周旋。自己则率领仓促组建的八万平叛军,直捣宁王的老巢南昌,并很快攻下城池,迫使朱宸濠回援。

宁王听说王阳明率兵攻打南昌,立即率军回救。当宁王的船队到达鄱阳湖时,遇到了在此拦截的王阳明船队。王阳明故意只派几艘战船迎战,边战边退,引诱叛军进入埋伏圈。随后下令伏兵四处出击,首战斩获叛军两千余人,落水而死的达万人。

第二天,宁王亲自率军大举进攻。因风向不利于官兵,王阳明命令战船撤退。突然,他所在的指挥船升起了一块白布,上写"宁王已擒,我军毋得纵杀!"叛军不明真假,惊疑不定,一时阵脚大乱。官兵乘势反攻,叛军大败。

第三天，宁王决定将剩余的战船连为一体，结成方阵后再战。王阳明据此定下火攻的战术。

第四天，一支支火箭射向叛军战船，叛军乱作一团，宁王被生擒。这场历时三十五天的叛乱宣告结束。

### 第五章 晚年理想追求

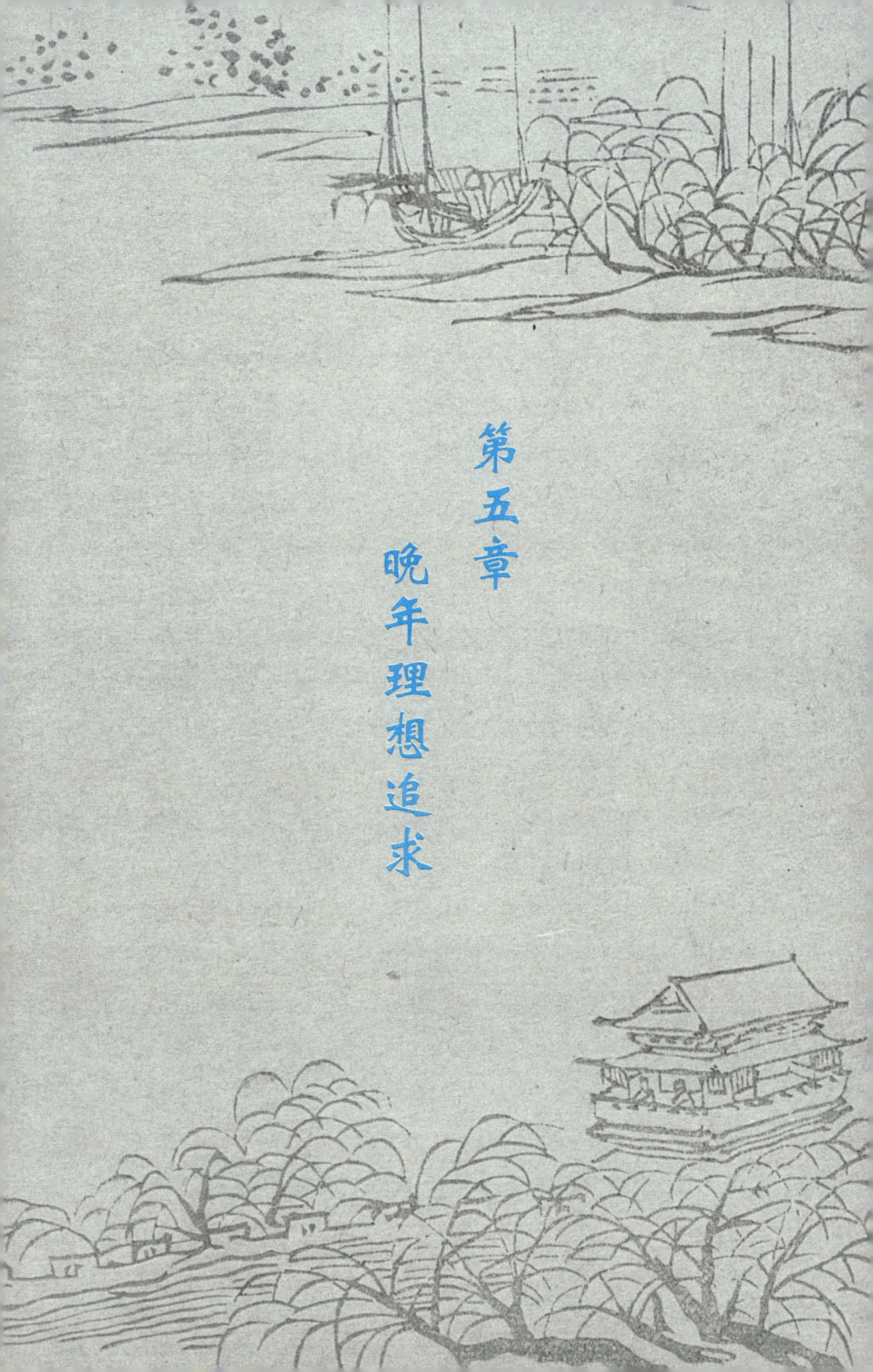

第五章｜晚年理想追求

立功反受到陷害

王阳明顺利地平定了朱宸濠叛乱，却没有得到明武宗的认同。这是为什么呢？原来，在王阳明平定叛乱之时，明武宗正在"御驾亲征"的途中，他怎么能允许别人抢占自己的功劳呢？

明武宗"御驾亲征"已经不是第一次了。他从小爱好骑射，即位后更喜欢逞强使能，好大喜功。蔚州指挥佥事江彬在镇压刘六、刘七的战事中表现勇武，深受武宗赏识，武宗便提升江彬为都指挥佥事，让他与自己同卧同起。

江彬为了巩固自己的地位，就百般地讨好武宗，他除了向武宗进献自己家乡宣府的美女和乐工，还引诱武宗微服私访并外出夜宿外。他对武宗说，出巡宣府既可观察边疆的战况，又可欣赏大好河山的壮丽景色。

正德十二年（1517年）八月，武宗在江彬陪同下悄悄地从德胜门出走，抵达昌平。大学士梁储、蒋冕、毛纪得信，连忙追上，劝谏武宗回驾。武宗不听，到达居庸关，传令打开关门。巡关御史张钦拒绝执行，武宗不得已，只得假装返驾。

几天后，乘着张钦出巡白羊口的机会，武宗快马出关。他于九月间抵达宣府，住在江彬为他营建的镇国府第，肆意寻欢作乐。每到夜晚，武宗就外出，见到高堂大屋就进去，或索要酒宴，或索要美女。宣府的百姓叫苦连天。接着，武宗又到了阳和，自封为"总督军务威武大将军总兵官"。

十月，蒙古王子伯颜率军前来袭击。武宗大喜并决定御驾亲征。其时距土木堡之变不到七十年，朝臣听到"亲征"二字不禁神经过敏，便冒死规劝。武宗决不愿意放过这次实战的机会，终以"大将军朱寿"的名义统兵出战。作为给朝臣的惩罚，他没有给任何一个文官随驾的机会。

武宗亲临前线同敌人战斗，据说还亲手斩敌一人，不过也险象环生。双方大战了几天，明军取得了杀敌十六人，己方伤五百六十三人、亡二十五人的战绩。这当然也算得上一次胜利，因为蒙古军终于被打退了。

武宗派人将此作为捷报向朝廷通告，并且命令敕部拨银一百万两犒赏官军。直到第二年正月，武宗才回转北京。武宗穿着戎装，骑着战马，佩着宝剑，得意扬扬地向大臣们夸耀说："这次作战中，我曾亲自斩杀一个敌人，你们可知道吗？"

从此以后，明武宗十分热衷于出巡。正德十三年（1518年）正月下旬，第一次出巡回京不久的武宗又去宣府进行第二次出巡。二月间因慈寿太皇太后去世，他只得回京料理。这次出巡共二十一天。三月，武宗又开始第三次出巡，他先到昌平，再到密云，又到喜峰口，五月初十才回京，这次出巡前后共四十天。七月初二，武宗准备第四次出巡，并传出圣旨。圣旨称北方敌人多次入犯边陲，现在特命"总督军务威武大将军总兵官朱寿"率领六军前往征讨。圣旨中命令的"朱寿"就是武宗自己。内阁大学士向他诤谏，他不理会。初九，第四次出巡的武宗到达宣府、大同，他封自己为镇国公，每年支禄米五千石。

此后，武宗一会儿西渡黄河到榆林，一会儿又东渡黄河到太原。一路上,近侍掠夺良家妇女以充幸御,百姓受尽骚扰之苦。这次出巡,旅程远、历时久,直到正德十四年(1519年)二月他才回到北京。

不承想,刚长途出巡回京的武宗于二月二十五日又下诏到南方出巡。这次,朝廷里的不少大臣忍不住了,纷纷上疏劝谏。武宗大怒,将劝谏者或关入锦衣卫狱,或罚其在午门长跪,或施以杖刑。

三月二十日的那一次处罚,被罚跪的大臣竟达一百零七人,而且他们一连跪了五天,跪后还要受杖刑。金吾卫都指挥佥事张英以自杀来劝谏,自杀失败的他受到了追究,最后被杖死。

六月十四日,久怀异志的宁王朱宸濠杀死朝廷命官,率众起兵作乱。安边伯许泰、平虏伯江彬鼓动武宗亲自讨伐。武宗认为这是个好机会,于是兴高采烈地采纳了他们的建议。

武宗传出圣旨,令"总督军务威武大将军镇国公朱寿"为统帅,安边伯许泰为副将军,太监张忠为偕提督军务,刘晖为平贼将军左都督,统率骁勇士卒数万人南下。命大太监张永率边兵两千人为前锋,溯江而上。

为了图个耳根清净,武宗还专门下旨给群臣,圣旨称凡劝驾者立即处以极刑。群臣已经领教了皇帝的执拗,大家也精疲力竭,只好随他去了。

武宗率领大军从北京出发,按照惯例出师不能带内眷,武宗便和他宠爱的刘妃相约在潞河会面。刘娘娘相赠一簪,以为信物。如此看来,这皇帝老爷确实有点儿浪漫。

孰料武宗纵马经过卢沟桥时把簪子颠掉了,于是他按兵不动,专门寻找丢失的簪子。如此领兵简直是儿戏。可是天不遂人愿,一连找了三天,他也没有找到丢失的簪子。

没有办法,大军只好继续前进。当走到涿州的时候,传来了再坏不过的消息。南赣巡抚王阳明丝毫不懂得体察圣意,居然不等朝廷降旨就率军征讨,几下就把不争气的宁王活捉了。

武宗闻报后,失意不已。叛贼已平,还亲什么征呀?他耍起了小聪明,隐匿了捷报,继续南行。大军到达临清,武宗依约派使者去接刘妃。刘妃不见信簪,辞谢说:"不见簪,不信,不敢赴。"

武宗见美人心切,便独自乘船昼夜兼行,亲自去迎接美人。十二月一日,武宗抵达扬州府。次日,武宗率领数人骑马在府城西打猎。此后几天,他天天出去打猎。众臣进谏无效,便请刘妃出面,她终于劝住了好玩成性的皇帝。

十二月十八日,明武宗亲自前往妓院检阅各位妓女。一时花粉价格暴涨,妓女身价倍增。这一闹剧足足持续了八个多月。王阳明早在六个月前就把宁王押到了南京,苦求皇上受俘,武宗却一概拒绝。

武宗身边的佞幸之臣平时与宁王交往密切,其心态极端复杂。一些奸臣乘机诬陷王阳明是宁王的同谋,称王阳明后来看到形势不利,才不得已起兵。

昏庸的皇帝竟然派人秘密地抓捕了王阳明的弟子冀元亨,想通过他供出王阳明的无端罪名。如果冀元亨被屈打成招,王阳明在当时的情况下,就很难自证清白。不过,在严刑拷打之下,冀元亨坚持住了,维护了王阳明的名誉。

面对这样复杂的情况,王阳明只好重新报捷称所有功劳全是大将军朱寿的,凭大将军的威德和方略以及他身边的一干功臣,此次叛乱才能迅速得到平息。自己亲冒乱箭和滚石上阵、大战鄱阳的事迹自然一字没提。

王阳明这一本递上去,旋即准奏。王阳明急流勇退,将朱宸濠交付当时尚属正直的太监张永,然后称病不朝,以避免卷入更多的政治事端中。在武宗一朝,王阳明平叛之功没有得到朝廷的封赏。

武宗受俘之后,勉强同意北返。走了一阵子,他又突发奇想,要把宁王朱宸濠放回去再作乱,自己一定要亲手擒回宁王。臣下闻之如五雷轰顶,劝谏的话都不知道该说什么好了。

在回程路上,武宗游镇江,登金山,自瓜洲过长江。八月,经过清江浦时,武宗见水上风景优美,游鱼好似飞翔于浅浅的江底,他顿时有了做渔夫的兴致,便自驾小船在江上捕鱼玩耍。在提网时看见鱼多,武宗大乐,便尽力拖拉,使船体失去了平衡,他跌落了水中。不懂游水的武宗入水后一阵乱扑腾,亲侍们赶紧把他救起。但是水还是呛入了他的肺,加之惶恐惊悸,引发了肺炎,他病倒了。

正德十六年(1521年)正月,武宗一行才回到北京。正月十四日,武宗仍旧强撑,在南郊主持大祀礼。在行初献礼时,武宗皇帝忽然口吐鲜血,瘫倒在地,再也爬不起来了,大礼不得不终止。

三月,武宗已处于弥留状态,他对司礼监太监说:"朕疾不可为矣。其以朕意达皇太后,天下事重,与阁臣审处之。前事皆由朕误,非汝曹所能预也。"言毕驾崩,时年三十一岁。

武宗死后,在王阳明的不断努力下,冀元亨获释出狱。但他由于受刑过重,仅五天之后就病逝了。这样的结果让王阳明痛心不已。

坦然地面对荣辱

明武宗正德十五年(1520年)春,王阳明好不容易摆脱了政治旋涡,经历三弯九转,遁入九华山,他再次拜访了柯秀才家。王阳明第一次登九华山时柯秀才之子柯乔还年幼。这次他来到柯秀才家,柯乔已是一个二十多岁的才华横溢的青年了。

这次,王阳明在九华山逗留了较长时间,产生的影响极大。青阳文人名士柯乔、江学曾、施宗道等均受业于门下,并与他一起出游。

这次到九华山,王阳明很高兴。他重新拜见无相寺,重游化城寺,再访太白书堂。他登上东崖,学着金地藏的样子在峰顶巨石上端坐,做遗世独立之状。他有一首诗描述了当时的情景:

> 尽日岩头坐落花,不知何处是吾家。
> 静听谷鸟迁乔木,闲看林蜂散午衙。
> 翠壁泉声穿乱石,碧潭云影透晴沙。
> 痴儿公事真难了,须信吾生自有涯。

诗中描写了东岩周围自然环境的恬静优美,以及抒发了自己抛开公务后和大自然融为一体的快慰。

在九华山,王阳明登览了数座山峰,游玩了各处溪泉。他寻访了唐代著名隐士费征君、北宋著名官员滕子京的故居,踏访了道教名师赵知微的碧桃岩。他凭吊遗迹,抒发思古情怀。此时的

王阳明心潮澎湃,高歌"长风拥慧扫浮阴,九十九峰如梦醒""层楼叠阁写未了,千朵芙蓉括玉井""今来始识九华面,恨无诗笔为传影"等诗句。

王阳明探访了堆云洞,想结识的苦行僧早已云游他山,他十分惋惜,不禁发出"念心人远空遗洞"的感叹。令他高兴的是在东崖与僧人周经相识并结为了知己,并且手书《赠周经偈》诗,刻于东崖石壁之上。

王阳明和弟子们游遍了九华山的山山水水,并留下了《九华山赋》等六十多首诗篇。与王阳明同游的经历为柯乔的思想形成起到了重要的作用。

在王阳明畅游九华山期间,武宗皇帝曾派锦衣卫监视他的行踪。锦衣卫发现:王阳明除了教授柯乔等弟子以及游览山川外,更多时候是在东岩岩石上打坐,吟诗作赋,并无谋反之意。武宗接到锦衣卫的如实报告后,就下令让他官复原职。

正德十六年(1521年)初,四十九岁的王阳明开始在江西南昌讲授"致良知"学说,并称"此良知二字,实千古圣圣相传一点滴骨血也"。此时,他完成了"心学"体系的建构。

这一年的秋天,王阳明回到家乡余姚祭扫祖茔。刚进入余姚境内的王阳明便马不停蹄地奔向自己的出生地瑞云楼。他在瑞祥楼久坐不起,想到自己没有机会奉养母亲,也没有为祖母送葬出殡,一连痛哭数日,不能自已。

就在王阳明沉浸在悲伤之中时,一位余姚本地的二十多岁的年轻老师钱德洪却非常高兴。钱德洪,名宽,字洪甫,因避先世讳,以字行,号绪山。他非常崇拜王阳明,一直想拜王阳明为师。

第五章 晚年理想追求

钱德洪听说王阳明回乡后,立即带着自己的两个侄子登门拜访。之后,他又把王阳明请到自己教书的中天阁,同自己在内共计七十四名当地的优秀学子一起拜王阳明为师。王阳明看到此情此景,大为感动,欣然允诺。从此,中天阁正式成为王阳明的讲学之处。

这一年,武宗驾崩,其堂弟朱厚熜继位,是为世宗。世宗听说了王阳明平定宁王叛乱的不凡功绩,他很感动,晋封王阳明为新建伯,兼南京兵部尚书。

圣旨传到王阳明家的这天,正好是王华七十六岁的寿诞。当时亲朋好友都在场,圣旨的到来更是增添了喜庆的气氛。族中乡里,人人庆贺。

然而等宣旨的官员一走,王华却皱着眉头对王阳明说:"当宁王起兵谋反的时候,我以为你这一次是必死无疑了,但你终究没有死;当你举兵与宁王对阵的时候,我以为这件事极其困难,但你终究取得了成功;当朝中奸臣对你大肆诬陷时,我以为灾难就在眼前,没想到现在却给你加官封爵,我们父子仍能团圆欢聚一堂。不过,世上的事往往盛极必衰、祸福相倚。加官封爵,虽然是一件荣幸的事,但也是一件值得畏惧的事情啊!"

王华还说:"夫知足不辱,知止不殆。吾老矣,得父子相保于庸下,孰与犯盈满之戒,覆成功而毁令名者邪?"

王华这是在劝诫儿子王阳明,人人都来恭贺之时,自身不能沾沾自喜。水满则溢,月盈则亏,做人要清楚盈守之道。

王阳明听完之后,感动得眼泪都掉了下来,当即对父亲行跪拜之礼,并说:"父亲大人的教导,儿子一定牢记在心,不敢忘怀！"

不久之后，王华逝世了。在父亲去世前，王阳明和他的弟弟们围绕在父亲的榻前，听从老人家交代家事。刚好在这个时候，朝廷因王阳明的功绩又前来王家封王华以及他的列祖列宗。奄奄一息的王华听到这个消息之后，突然间回光返照，交代王阳明说其他都是小事，不可失了朝廷礼仪，不可失了知识分子的气节。王华要求王阳明立即设礼迎接圣旨。于是，王阳明设礼迎圣旨，王华也硬撑到礼仪结束后才溘然长逝。

王阳明虽然悲痛不已，但是仍约束家人为父亲换上朝廷新赐的礼服后，才放声大哭。王阳明只哭了一声就昏了过去，可见父子情深到了何等地步。

王阳明送别父亲的表现证明了他在超越了父亲这座高山之后，终于成为他父亲一样的一座高山。这既是超越，也是传承。

在家乡立院讲学

明世宗嘉靖元年(1522年),五十岁的王阳明已经是名满天下的一代大儒了。这一年,由于父亲去世,他回乡守制。

在经过镇江时,他去了一趟金山寺。在去金山寺的路上,王阳明觉得有些地方似曾相识。到了金山寺,他看到一间和尚闭关修炼的关房。他见屋门紧锁,破旧不堪,门上还贴有封条,便想要进去看看。

执事和尚解释说,这是一位圆寂的老僧的肉身舍利所在之处,五十年未曾打开,不便观看。王阳明坚决要求开门,鉴于他当时的声望权威,执事和尚只好开门。

门开了,只见圆寂老僧依然端坐在蒲团上,依旧栩栩如生,宝相庄严。墙上写有一首偈语:

五十年后王阳明,开门犹是闭门人。
精灵闭后还归复,始信禅门不坏身。

原来老僧在圆寂之时,已察知未来之事,所以特意留下偈语,提醒王阳明不要忘了自己的本来面目。

王阳明回到家乡,一边为父亲守丧,一边授徒讲学。有一天,他的弟子邹守益前来拜见。邹守益,字谦之,号东廓,江西安福县北乡澈源人。

邹守益在少年时便博览群书,以理学气节自命。明武宗正

德六年(1511年),他参加会试。王阳明是同考官,见邹守益考卷非凡,便将他选拔为第一。邹守益的殿试成绩是进士第三,他被授为翰林院编修。邹守益任职仅一年,便辞职回乡,专心研究程朱理学。然而,他对二程、朱熹的"格物致知"学说久思不得其解。

正德十三年(1518年),邹守益前往江西拜见任地方官的王阳明,两人反复辩论"良知"之学。邹守益对王阳明的"知行合一"和"知行并进"学说表示极为赞同,他消除了过去存在的疑虑。于是,他拜王阳明为师,潜心钻研阳明心学,从此成为王阳明的高足弟子与良友,并开始在赣州讲学,成为江右王学的代表人物之一。

嘉靖初年,朝廷起用邹守益。他在赴任途中正好路过浙江,便到王阳明的家乡拜访老师。师徒相见,分外亲热,他们花了一个多月的时间讨论学问。在分别时,师徒俩还恋恋不舍。邹守益离开后,有一个学生问王阳明如此不舍的原因,王阳明回答说:"曾子有所谓有若无,实若虚,犯而不校,谦之近之矣。"从中可以看出,王阳明对这个弟子的喜爱。

除了邹守益,王阳明的另外一位弟子也值得一提。正德十六年(1521年)正月,王阳明在南昌居住,一位名叫王银的泰州商人前来拜会王阳明。这位仁兄的打扮实在惊人。他穿着奇装异服,戴着一顶纸糊的帽子,手里还拿着笏板。

王银是泰州安丰场人,他没有获得过秀才、举人、进士的功名,曾经仅是一位卖私盐的小贩。后来,他也从事过行医的行当,但他并没有把行医作为终身职业。他及时地调整自己的谋生轨迹,掌握了生活的主动权,把人生的坐标无悔地选定在做学问的事业上。

王银在十九岁时随父贩卖私盐,在路经曲阜时拜谒了孔庙。当时的他口出"狂言"道:"孔夫子是人也,我也是人也。"旁人听了都暗中嘲笑,把他看作一个不自量力的人。

王银回到泰州便不再烧灶熬盐,一心刻苦攻读《孝经》《论语》《大学》三书。没有专门老师教导的他白日攻读,逢人求教,夜间闭门静思,默坐体会。他夜以继日,不分寒暑地学习,付出比书院学生多出几倍的努力。毫不夸张地说,他是一位非常出色的自学成才者。

当时有一个名叫黄文刚的塾师,是江西吉安人,他听过王阳明的讲学。有一天,黄文刚路过王银的门前,挤进人群中听他讲《论语》。黄文刚感到十分诧异,因为王银的观点与王阳明的观点很相似。黄文刚便把这件事告诉了王银。王银说:"有这等巧事!王公论良知,我讲格物,岂非老天爷的安排?"求知若渴的王银立即冲破家庭的重重阻力,连夜乘船直奔南昌,要来会一会王阳明。

王银做事十分奇特,奇特到惊世骇俗,让人瞠目结舌。他与王阳明初次见面的时候,王阳明早已名扬天下,功成名就,而他只是一个十足的小人物。但是,王银自己并不这样认为。因此他去见王阳明与其说是去求教,不如说是去挑战。他在见到王阳明后,表现得很不羁,直接坐到了本该王阳明坐的主座上。他说:"昨天来到南昌,就梦见在此拜会先生。"

王阳明不以为然地说道:"有真知之人不信梦幻之说。"

王银反问道:"那么孔子为什么说梦见周公呢?"

王阳明一时语塞,说:"这是他人写的啊!"

两人便展开唇枪舌剑,互不相让。

王阳明接着说:"君子善于思考,但是其考虑的事情不要超过自己的职权范围。"

王银说:"我一介草莽匹夫,而对尧舜君民之心,未尝一日敢忘。"

王阳明说:"舜独居深山,与鹿豕木石相伴,居住一生,快乐得忘了天下。"

王银听罢,反驳道:"那是因为有尧在上,舜才忘了天下。"

谈到最后,两个人谈到了"良知"。只几句话,王银就被王阳明折服了,他立即一改不恭敬的样子,老实地承认自己学识不足,起身坐到自己该坐的位置上。他佩服地说:"你的学说简易明了,我还没有达到你的高度。"

王阳明扶起王银,收他为门徒,并为他更名为王艮,字汝之。

然而第二天,王艮就反悔了。他再次拜见王阳明,说:"昨天我被你的气势和话语欺骗了,就轻易拜你为师。今天我们再争辩一次,如果这次我还是不及你,我才真正服你。"

王阳明非常大度地说:"好!有疑便疑,可信便信,不要勉强认同,我对你的态度非常赞赏。"

这次,在王艮和王阳明的辩论结束之后,王艮深知自己的学说远不及王阳明,被王阳明彻底地折服了。由此,王艮正式拜王阳明为师,执弟子礼。

王阳明捋了捋长须,抹了抹额头的冷汗,再次扶起王艮,对诸门人说:"想当年,在擒拿朱宸濠时,我一无所动,今天却为这个人撼动了。他是真正的学者、圣人,有疑则疑,获信则信,一丝不苟,你们都不如他。"

从这个故事中,我们可以看出王艮的独立精神是何等的强烈,他并不因为王阳明先生是大学者就盲目崇拜,而是与其进行辩论,直到认为确实不如人时才甘心拜师。王阳明也不因为自己名声大而轻视王艮,而是诚心地与他讨论。他们的做法才是真正的为学之道,非常值得后人学习。

王艮师从王阳明后,其学问大有长进,自创了"百姓日用之道"和"安身立本"的"淮南格物说"。后来,他又创立了传承阳明心学的泰州学派。王艮长期在小生产者阶层中讲学,其从者云集。他一生勤勉,学而不厌,诲人不倦。

泰州学派的信徒有上层官僚地主、知识分子,还有下层劳动者。他们大都致力于封建道德的普及和宣传工作,规劝人们安分守己,息事宁人,因此一度受到朝廷的支持。泰州学派是中国历史上第一个真正意义上的思想启蒙学派,它发扬了王阳明的心学思想,反对束缚人性,引领了明朝后期的思想解放潮流。

在王阳明众多弟子中,王畿也是一个重要的人物。王畿,字汝中,号龙溪,绍兴府山阴人,是王阳明的邻居。王阳明回乡讲学时,王畿年仅二十四岁。

王畿个性不羁,中举后会试不第。他天分很高,然而过于放纵自己。他每天在酒楼茶馆和赌场里瞎混,对那些热衷于科举的学者非常瞧不起,每次看到来往讲学的人就暗中窃骂。他以为王阳明也是一个腐儒,因此两个人虽然是邻居,却从无来往。

王阳明很欣赏王畿这个少年才子,一直想找个机会见一见他,可惜都没有见成。很显然,王畿并不认可王阳明的学问,根本不愿意见王阳明。

王阳明便让他的学生们每天练习喝酒和赌博的技巧。过了一段时间,王阳明派了其中一个赌术最高的学生偷偷地跟着王畿到了赌场,这个学生对王畿说:"我们两个来赌一把。"

王畿看了看书生打扮的来人,很是瞧不起地说:"书呆子会赌吗?"

那个学生赢了王畿之后,轻轻一笑地说:"我是王阳明先生的学生,每天都在赌。"

王畿一听,大为惊奇地说:"这个王阳明真是奇人吗?"于是,他就主动要求见王阳明。王畿在见到王阳明之后,立刻被王阳明的学问和胸襟折服了,他心服口服,立刻拜王阳明为师。

王畿的悟性极高,他很快领会了阳明心学的宗旨。拜王阳明为师是他一生重大的转机,决定了他以后的人生道路。从此,他一心一意地钻研"良知"之学。正如他后来常说的"深山之宝,得于无心"。

王畿和同郡好友钱德洪同时参加了会试。在会试之后,他便和钱德洪等同门友人弃殿试,坐船回到了绍兴。

王阳明听说得意门生王畿从京城弃考回来,非常高兴,亲自前往迎接,笑着对他们说:"吾设教以待四方英贤,比之店主开行以集四方之货,奇货既归,百货将日积,主人可无乏行之叹矣。"

此时在王阳明的心目中,王畿、钱德洪已经成为了他"奇货可居"的嫡传弟子。自此,凡是四方求学之人初入王门,均由王、钱等高足分头教之,他俩因此被称为"教授师"。

王畿的可贵之处是他一方面全面地继承了其师的基本学说,尤其是不以孔孟之道的"是非为是非"的反传统思想,另一方面提出了自己的独立见解。

随着王阳明学说影响的扩大,嫉恨他的人也与日俱增。嘉靖二年(1523年)的会试,主考官竟然以"心学"为考题,暗地里批判王阳明。众弟子愤愤不平,只有王阳明高兴地说:"我们倡导的圣学从此将在天下广泛地传播了。"

弟子们疑惑不解,问:"他们如此批判圣学,怎么还会在天下广泛传播呢?"

王阳明说:"我的学说怎么可能遍告天下所有的读书人呢?如今,朝廷会试以'心学'为考题,即使是在穷乡僻壤的读书人也都知道了。如果我的学说不正确,天下就会有人继续探索圣学的真谛。"

在家守孝期间,王阳明远离官场,致力于传道讲学,传播心学,留下了《示诸生三首》《答人问良知二首》《答人问道》《别诸生》等诸多有关"良知"的诗文。他以韵语的形式解说心学哲理,使人便于咀嚼回味。如《咏良知四首示诸生》中这样写道:

一

个个人心有仲尼,自将闻见苦遮迷。
而今指与真头面,只是良知更莫疑。

二

问君何事日憧憧？烦恼场中错用功。

莫道圣门无口诀，良知两字是参同。

三

人人自有定盘针，万化根源总在心。

却笑从前颠倒见，枝枝叶叶外头寻。

四

无声无臭独知时，此是乾坤万有基。

抛却自家无尽藏，沿门持钵效贫儿。

诗文称，孔子之道就在每个人自己的心中，不必外求。只要致其良知，便得心之本体。如果抛弃自家良知，而向外求理以企见道，无异于"家藏无尽却沿街乞讨"的颠倒错乱之举。这里阐述了只有良知才是人们的至乐之乡，才能使人们从世俗的悲欢之中解脱并成为超越的圣人。

嘉靖三年（1524年），受郡守南大吉之邀，时年五十二岁的王阳明到绍兴稽山书院讲学。许多文人志士纷纷慕名而来，聆听王阳明的教诲，接受心学的熏陶。随着学子门生越来越多，王阳明的学说也传播得越来越广泛。看到桃李满天下，王阳明心中的喜悦之情油然而生。

在这一年的中秋夜，王阳明在天泉桥碧霞池设宴，和众多学子门生一起欢度佳节。月光如洗，池水清碧。酒至半酣，诸弟子操琴吹竹，投壶击鼓而歌，王阳明乘兴作《月夜二首》。其中一首这样写道：

>万里中秋月正晴,四山云霭忽然生。
>须臾浊雾随风散,依旧青天此月明。
>肯信良知原不昧,从他外物岂能撄。
>老夫今夜狂歌发,化作钧天满太清。

此诗道尽了王阳明的人生甘苦。他对朱熹、郑玄等大儒的批评和更正,不为世人所容。他背着狂狷的骂名,承受奸人的逸言。他所主张的是快意恩仇、个性充沛的狂,是狂歌五柳、诗书江湖的狂。凭借此心光明,在外界纷扰复杂的变迁中,保持自己的良知。

当程朱理学走向衰落,士子以博闻强识为能,以读书渐进为进阶之门时,王阳明开出了顿悟的药方,主张以此心之光照亮世界,消弭尧舜与凡人的界限。这种耿介刚直的精神,对于任何时代的颓败庸碌的朝野而言,都是一剂猛药。

王阳明的知行合一不是知识与实践的机械对应,而是意念与行动的自然融合。但凡意念之动必然指向外物,但凡外物之情必然与己有关。

有一天,王阳明和朋友到山间游玩。朋友指着岩石间的一朵花对王阳明说:"你经常说心外无理,心外无物。天下的一切事物都在你心中,受你心的控制。你看这朵花,在山间自开自落,你的心能控制它吗?难道是你的心让它开,它才开;你的心让它落,它才落?"

王阳明的回答很有意思,他说:"你未看此花时,此花与汝心

同归于寂；你来看此花时，则此花颜色一时明白起来，便知此花不在你的心外。"

花当然是自开自落，可是它能不能扰动自我之心，却是由自我来决定。哪怕天崩地裂，洪水滔天，电闪雷鸣，暴雨大作，只要自我之心安然，便永远是桃花源和艳阳天。无论世间怎样险恶，只要自我之心不动，便奈何不得自我分毫。

王阳明在家守丧期满后，朝廷并没有按期起用他。于是，王阳明继续在家乡讲学。嘉靖四年（1525年），由于门徒日益增多，王阳明在绍兴又建了一所阳明书院，他的弟子们也开始了讲学。

嘉靖四年（1525年）的正月，王阳明的妻子诸夫人因病去世。九月，王阳明回到余姚扫墓。其间，他重登中天阁为余姚的学子开堂授课。这次，王阳明立下规矩，每月的初一、初八、十五、二十三是他亲自授课的日子，其余的日子则由弟子钱德洪代班。

王阳明授课的消息立刻在当地传遍，不仅余姚本地的学子纷纷慕名前来，就连附近州县的读书人也赶来听课。一时间，中天阁内人满为患。由于讲课的主厅并不宽敞，许多人只能站在走廊上，伸长脖子，竖起耳朵聆听教诲。

在前后长达六年的时间里，王阳明在家乡过着教书育人的安静生活。诸氏去世后，他续娶张氏，并喜得一子。一切看起来都简单幸福，可就在这个时候，一纸诏令结束了他的幸福生活，他不得不开始人生的最后一次征程。

人生的最后一战

明世宗嘉靖六年(1527年),思恩、田州的少数民族首领卢苏、王受造反。当地总督姚镆率军抵挡不住,紧急向朝廷打报告求援。嘉靖皇帝看到奏折后很不高兴,黄绾乘机向皇帝推荐了好友王阳明。于是,朝廷颁布诏令,命令王阳明出任两广总督兼巡抚,率领大军出征平叛。

广西的叛乱在王阳明眼里不算个事,他担心的是朝堂之上大臣的党争。他想起当年在江西平叛时,那么多人的功劳被无视,他对朝廷失去了信心。于是,他给黄绾写了三封信,称自己身体有病,不便去广西平乱。

黄绾明白好友的真实想法,于是借此机会上书争辩王阳明的功绩,请求赐给王阳明铁券和岁禄,并追奖平定宁王叛乱的功臣。明世宗答应黄绾的请求。这样,王阳明只得支撑起并不十分健康的身体,收拾好心情,赴任平叛。

嘉靖六年(1527年)十二月,王阳明率领大军来到思恩。思恩、田州两地原由世袭的土司管理,到弘治年间,朝廷改由汉人任知府,史称"改土归流"。土司不服,于是起兵叛乱。

王阳明认为,虽然土司作乱罪不可恕,但"改土归流"违背了当地的民情,于是他拟定了以和平手段解决思田之乱的策略。当地土官本来就没有真的反叛朝廷的意思,对王阳明用兵之神更是早有耳闻,便解散了各自的队伍,身穿囚衣向王阳明投降。

就这样,王阳明不费一兵一卒,花了不到两个月的时间就平定了思恩、田州之乱。王阳明随即请求朝廷大量起用当地的土官,共同管理两广边境。土汉并用,高度自治,这是一条被历史所证明的明智方略。

嘉靖七年(1528年),王阳明应思恩当地百姓的要求,平定八寨和断藤峡的土著之乱。二月,王阳明率领湖广官兵抵达南宁,而卢苏、王受刚刚归降,愿意立功赎罪。王阳明便命令湖广佥事汪溱、广西副使翁素、佥事吴天挺及参将张经、都指挥谢佩监督湖广土兵,袭剿断藤峡叛军。他分永顺兵进剿牛肠等寨,保靖之兵进剿六寺等寨,并约好四月初二各自抵达地点。

各路官兵按约定偃旗息鼓,驰马抵达,对叛军进行四面夹击。叛军大败,于是退守保仙女大山,据险结寨防守。官军攀木缘崖仰攻,连连攻破油榨、石壁、大陂等地,直击断藤峡。

随后,王阳明秘密地调动诸将移兵进剿仙台等贼,分永顺兵、保靖兵各自进剿,约定在五月十三日抵达叛军巢穴。叛军退守永安力山,仍然被王阳明的大军打败,溃军被副将沈希仪率兵斩杀。至此,断藤峡叛军全部剿灭。

经过此战,两江彻底地获得了安定。这时的王阳明已经五十六岁了,过度的劳累奔波使他的肺病和足疮加剧,以致全身肿毒,他昼夜咳嗽不停。在平定叛乱后,他几次向朝廷上疏乞求告老还乡,并推荐郧阳巡抚林富接替自己的职位,但是等了很长时间都没有得到批复。

王阳明给黄绾写了两封信,说的都是一件事:叛乱抚平了,两大土匪集团也被剿灭了,自己全身肿毒,早晚起卧已经很吃力,请黄绾帮忙让朝廷尽快派官接任。自己想要立即回家养病,养好病才能继续讲学传道。

在王阳明的后半生,似乎一直在向朝廷请求回乡中度过,但是其请求都没有得到批准。他只想回到故乡的山水之间,与门人自在地讲学。可惜人在江湖,身不由己。

王阳明把奏请回乡养病的折子附在平乱捷报之后,他或许是希望能够多得到朝廷一些宽容和谅解。可是他的病情越来越重,圣旨却迟迟没有下达。他或许知道自己活着的时间已经不多了,决定不等朝廷批复便起程返家。

王阳明本是具有反叛精神的人。因为反叛精神,他不按常理出牌而建立功业;也因这反叛精神,他创造了与主流意识形态的程朱理学相悖的阳明心学。

王阳明乘船向故乡进发。当船行至广西横县东部激流湍急的乌蛮滩时,船夫告诉王阳明,前面就是伏波庙了。王阳明大惊,赶紧要求船夫停船上岸,拜谒了伏波将军祠。之后,王阳明作了两首诗,题为《谒伏波庙》,第一首这样写道:

> 四十年前梦里诗,此行天定岂人为!
> 徂征敢倚风云阵,所过如同时雨师。
> 尚喜远人知向望,却惭无术救疮痍。
> 从来胜算归廊庙,耻说兵戈定四夷。

"四十年前梦里诗"指的是王阳明在四十多年前所写的《梦中绝句》,他没有想到自己在几十年后竟然真的来到了当初梦中

的伏波庙。为此,他专门为当初的七绝写了一段序:

> 此予十五岁时梦中所作。今拜伏波祠下,宛如梦中。

此后,王阳明路过南安青龙镇的丫山,他去山上灵岩古寺参访。适逢寺中高僧数日前坐化,不接纳客人。后来,他经过交涉方才进去。寺中有一间密室,案上有一偈语:

> 五十七年王阳明,启吾钥,拂吾尘,问君欲识前程事,开门即是闭门人。

看完偈语,王阳明自觉来日不多,于是匆匆离去。嘉靖七年(1528年)十一月二十九日,王阳明乘坐的船到了江西大余的青龙铺,这时的王阳明已经奄奄一息了。在夜里,他从一个美得出奇的梦中醒来,让人帮自己更换了衣冠,倚着一个侍从坐正了,就这样坐了一夜。

第二天凌晨,在当地任职的弟子周积前来探望王阳明。这时,王阳明已倒了下去,很久才睁开眼,极其虚弱地说:"我要去了。"

周积无声地落泪,问:"老师有何遗言?"

船里静得只有王阳明沉重的呼吸声。他用人生中最后的一点力气向周积笑了一下,说:"此心光明,亦复何言!"话毕,瞑目而逝,终年五十七岁。

王阳明最后归葬于绍兴城南洪溪。他的灵柩所到之处,不仅他的弟子们哭得感天动地,各地官员百姓也无不顶香祭奠。此情此景,天亦动容。

当王阳明的死讯传到京城时,朝中小人却上奏世宗称王阳明擅离职守。于是,朝廷下诏停止王阳明子嗣的世袭待遇。良知学说也被宣称为伪学。

直到明穆宗隆庆元年(1567年),王阳明的功劳终于得到朝廷的肯定。朝廷追赠他为新建侯,谥"文成"。明神宗万历元年(1573年),朝廷将王阳明配祀孔庙,称"先儒王子"。